产业转型与技能需求

基于普及高中阶段教育的视角

侯海波 ——— 著

Industrial Transformation and Labor Skill Demand

From the Perspective of Popularizing High School Education

中国财经出版传媒集团

经济科学出版社

Economic Science Press

前言

　　教育要为十年乃至二十年以后中国的产业转型储备人才，当下的教育策略影响了未来人力资本积累和产业转型升级的走向。因此，本书主要回答了如下问题：在产业快速转型的背景下，我们需要什么样的劳动力技能。将这个问题落实到高中阶段教育，就是回答这样一个问题：我们到底应该普及普通高中教育，还是普及中等职业教育？本书从技能结构的理论角度来重新认识中等职业教育与普通高中教育、特殊技能与一般技能在产业转型过程中的表现，也从实践和理论两个方面思考当下大力发展职业教育，以中等职业教育作为普及高中阶段教育的基础，这种做法对我国产业转型带来的潜在威胁。

　　"市场结构与技能选择"理论认为劳动力市场的灵活性影响了不同技能的市场表现，进而促使人们在不同的劳动力市场结构下形成不同的技能偏好。当劳动力市场发育不完善、人力资本配置不灵活时，劳动者在不同行业和职业之间转换的频率较低，这种情况下，劳动者倾向于投资特殊技能，在既定的工作岗位上，通过"干中学"不断提升劳动生产率。但是当劳动力市场发展健全、运转灵活时，劳动力的供给和需求实现匹配的效率提高，在产业结构调整过程中，劳动者也倾向于根据市场发展的现实需求不断调整个人所从事的职业和行业，因此，劳动者倾向于接受更高水平的普通教育，提升一般技能水平。

20 世纪 90 年代，中国的市场化改革增加了劳动力市场的灵活性，进而影响了教育体制改革和劳动者的技能回报率。中国的经济体制从完全的计划经济发展到以计划为主的商品经济，再到全面开启市场经济建设。中等职业教育作为就业导向的教育类型，也作出相应的调整，从"统招统配"到"国家任务计划"与"调节性计划"并行的"双轨制"，再到"统一招考""双向选择，自主择业"的现行招生和就业体制。经济转型过程中，多种所有制经营主体的劳动力需求不断增加，不同就业岗位也在技术的快速更新中不断更替，劳动者就业更加多元化和弹性化，一般技能和特殊技能回报率之间的对比关系也发生变化。新旧体制转型为观测中等职业教育与普通高中教育、特殊技能与一般技能的收益率变化提供了良好的观测窗口。

本书在梳理了中等职业教育发展过程的基础上，利用 20 世纪 90 年代的中等职业教育毕业生就业市场化改革为自然实验冲击，采用国家卫计委全国流动人口监测数据，研究了就业市场化改革前后不同高中阶段学历群体的劳动力市场表现的差异。研究发现：就业市场化改革降低了中专学历劳动者的市场表现，导致该群体的工资收益率下降，成为技术或管理人员的可能性降低；而普通高中学历劳动者的工资收益率和工作岗位的技术性存在提高的迹象，但结果缺乏稳健性。即使在 2006 年以后，国家对中等职业教育实施大规模的奖助学金资助计划也未能改变这一教育类型的下滑趋势，中专毕业生的劳动力市场表现在当前的经济环境下继续下降，并且与普通高中不存在显著差异。

因此，产业转型需要劳动者具备更一般的技能，尤其需要改革现行职普分流模式，使其适应产业快速转型过程中对劳动者技能的需求。经济社会高质量发展需要高水平的技能人才，快速转型的现实背景要求劳动者只有在具备高水平一般技能的基础上掌握特殊技能，普通高中的知识体系是劳动力素质的基础，高中阶段结束后职普分流，才能培养出满足建成制造业强国需要的技能型人才。

目录 Contents

第一章 绪 论

第一节
研究背景

改革开放以后，义务教育普及成为经济快速增长的动力之一。为适应经济社会发展需要，中国在 20 世纪 80 年代开始普及小学阶段教育，扫除文盲，民众普遍具备必要的读写能力，为乡镇企业大发展提供了充足的人力资本储备；1992 年，中国开始实行社会主义市场经济体制，逐渐形成"两头在外，大进大出"的外向型加工经济，进一步对最广大劳动者的人力资本提出更高要求，中国又开始全面普及九年义务教育；到 2001 年，随着中国加入世界贸易组织，外向型加工制造业快速发展，中国成为"世界工厂"，大量来自中西部农村地区且接受过义务教育的劳动者成为经济增长的重要因素。

不同的经济增长模式和发展阶段对普通劳动者的人力资本水平要求也存在差异。当出现新的生产技术和设备时，劳动者通常需要具备更高的技能水平才能适应生产和发展的需求。21 世纪初，九年制义务教育支撑了中国经济的高速增长，2004 年以后，东南沿海地区出现"技工荒""民工荒"，用工成本持续上升，劳动密集型企业利润率下降，低技术含量的加工制造业生存困难，开始转移到劳动力成本更低的国家和地区。

金融危机以后，产业结构优化升级迫在眉睫，经济增长开始逐渐由投资和要素驱动转为创新驱动，这也对普通劳动者的人力资本水平提出新的要求，更高技能水平的劳动者才能与新技术匹配后，才能进一步激活经济发展的新动能。经济结构转型要求我国要逐步改变劳动要素在经济增长中的贡献方式，渐进式地从注重劳动力数量，转变为注重劳动力质量。因此，推动教育改革，促进劳动者人力资本升级也成为产业升级的重要环节，全面普及高中阶段教育在经济社会高质量发展的起始阶段也逐渐上升为国家战略。

高中阶段教育包括普通高中和中等职业教育两种结构类型，在普及高中阶段教育过程中，我国需要选择适当的教育结构，发挥普通高中（以下简称普高）和中等职业教育（以下简称中职）两者的比较优势。技能理论为研究高中阶段教育类型的选择提供了新视角。贝克尔（Becker，1964）将技能分为一般技能和特殊技能，分别来自普通教育和职业教育。在我国，高中阶段的普高旨在"促进学生全面而有个性发展，为学生适应社会生活、高等教育和职业发展做准备，为学生的终身发展奠定基础"[1]，以逻辑思辨、语言表达、算术、人文与科学素养为主，侧重于劳动者的一般技能；而中职教育目标是促进就业，以特定行业的操作技能培训为主[2]，侧重于劳动者的特殊技能。因此，高中阶段教育作为连接高等教育的通道，不仅为目前经济发展提供专业技能劳动力，也为进一步培养高等教育人才提供了生源。

除了提升劳动者人力资本水平，促进产业结构转型升级，普及高中阶段教育还会缩小城乡和地区差距。中央政府在 2010 年颁布《国家中长期教育改革和发展规划纲要（2010 - 2020 年）》，要求各地加快普及高中

---

[1] 《教育部关于印发普通高中课程方案和语文等学科课程标准（2017 年版 2020 年修订）的通知》（教材〔2020〕3 号）。

[2] 教育部职业教育与成人教育司：《中等职业学校专业教学标准》，教育部官方网站，2021年 7 月 30 日。

阶段教育的进程，到 2020 年，毛入学率不低于 90%，普通高中和中等职业教育的招生和在校生规模基本保持 1 : 1 的水平。截至 2015 年，全国 1% 人口抽样调查数据可以看出：在 15 ～ 19 岁适龄队列中，高中及以上学历者的比例，农村为 53%，乡镇为 78%，城市为 83%；而 15 ～ 19 岁人口的城乡分布为：农村占 49%，乡镇与城市分别为 23% 和 28%；因此，农村是普及高中阶段教育的重点和难点，也是未来劳动力供给的重要来源。因此，普及高中阶段教育通过提高中西部地区普通劳动者的人力资本水平，进一步缩小城乡和地区差距，提高农村劳动力进城务工的技能水平，为先进制造业发展释放更多的农村劳动力。

第二节
提出问题

推动产业转型升级，技能型人才是关键，国家将中等职业教育作为普及高中阶段教育的基础，体现了推进制造强国和培养大国工匠的战略意图，但却出现"国家有需要，而百姓不太需要"的现实矛盾。中等职业教育寄托了扩大高中阶段教育①普及率、提升劳动者技能和扩大就业的政策预期，从 2002 ～ 2020 年，国家频繁出台重要文件强调高中阶段教育要实现"职普相当"②。然而学龄人口及其家庭却越来越不愿意报考中职院校，即便国家设立中职院校奖助学金计划，将职普招生比例作为地方政府考核指标，中职院校在校生占高中阶段教育在校生的比例仍然从

---

① 高中阶段教育主要分为普通高中和中等职业教育，其中，中职又主要分为中等专业教育、中等职业技术教育和职业高中。

② 《国务院关于大力推进职业教育改革与发展的决定》（国发〔2002〕16 号）、《国务院关于大力发展职业教育的决定》（国发〔2005〕35 号）、《国家中长期教育改革和发展规划纲要 (2010 – 2020 年)》、《国务院关于加快发展现代职业教育的决定》（国发〔2014〕19 号）、《国务院关于印发国家职业教育改革实施方案的通知》（国发〔2019〕4 号）等政策文件都要求要保持中等职业学校和普通高中招生规模"大体相当"。

2016 年的 40.28% 连续下降至 2019 年的 39.46%。显然，高中阶段教育出现了社会需求与个人需求的失衡：一方面，我国技能型人才供给明显不足①，自《中国就业市场景气报告》2011 年发布以来，操作工、技工的求人倍率一直居于各职业（工种）之首，供不应求；另一方面，中职院校招生难，报考中职院校通常是民众的无奈之举（邢晖，2018）。这种失衡被归咎于民众对中职的误解、偏见以及低下且跟不上时代变化的办学模式（马欣悦、石伟平，2020；徐国庆，2021）。但这种解释存在两方面问题：一是民众对职业教育的误解和偏见不是必然的，人力资本投资是理性决策的结果，改革开放至高校扩招前的较长一段时间内，中职院校对毕业生实行"就业包分配"，民众普遍青睐中职教育；二是办学质量和办学模式方面的问题也不是必然原因，国家自 2006 年建立中职教育奖助学金制度以来，连续出台政策、设立专项资金、优化中职院校办学质量和办学模式，"校企合作""订单式培养"等探索层出不穷，然而中职与普高的在校生比值却连年下降。国家专业技能型人才储备战略事关制造业大国的转型升级和高质量发展，社会和民众对中职教育的需求失衡关系到国家战略部署，因此迫切需要找到需求失衡的深层次原因。

我国到底如何普及高中阶段教育？面对普通高中和中等职业学校两种教育类型，国家需要重点普及哪一种教育类型才能更有助于提升劳动者的技能水平？中西部农村地区作为普及的重点和难点，目前国家通过行政指令和财政补贴的方式支持中等职业学校扩大招生规模，试图以此提高中西部农村地区高中阶段教育的普及程度，这样做是否合理，且是否能够最终达到政策预期目标？

然而，现实情况并不符合政策的初衷，国家的政策意图与民众选择之间的不一致逐渐显现。目前，我国还没有对普通高中和中等职业教育开展对比和评估，并不了解两种教育类型的收益率和未来发展前景，尤

---

① 人力资源和社会保障部职业能力建设司：《部分急需紧缺职业（工种）参考目录》（人社职司便函〔2019〕22 号）。

其是两种教育所培养的两种技能人才在产业转型过程中的适应能力。相关政策文件只要提及"中等职业教育"，便会提及它的社会功能——"有利于提高劳动者的专业技能，促进产业结构转型升级"，这种论断是否成立，是事实，或者只是一种政策预期呢？目前，我国还缺乏可信性的研究和对比分析。

尽管在对高中阶段不同教育类型缺乏有效认知的情况下，我国还是对中等职业教育实施了财政补贴和奖助学金计划，并且以招生规模和就业率作为衡量办学质量的核心考核指标。然而，大量财政投入并没有取得预期效果，现实似乎背离了政策意图。民众对中等职业教育的认可度进一步下降，而"平均主义"的财政补贴也引发了基层办学机构的道德风险问题，"招生造假""虚假学额"现象频发。因此，在全面普及高中阶段教育的攻坚时刻，在产业转型升级"爬坡过坎"的关键时期，我们有必要从经济学角度对普通高中和中等职业教育进行对比评估，基于产业转型对人力资本的动态需求及更长的发展周期来思考，未来中国到底需要什么样的高中阶段教育，需要劳动者具备什么样的技能。

研究内容

一、梳理中等职业教育及其不同教育类型的发展历史

本书梳理了中等职业教育在不同发展阶段的招生就业制度及生源变化，为采用自然实验的研究策略奠定了基础。自新中国成立以来，中等职业教育的招生就业制度随着社会经济体制的变迁也在发生变化，从最开始行政指令制订招生计划、政府负责毕业生的工作分配，演化成学校自主制订招生计划、毕业生自主择业。

　　本书进一步研究了中等职业教育发展与经济体制之间的关系。结果显示，中等职业教育在计划经济时代繁荣发展，但是在市场经济时代却步履维艰。当市场价格和供求机制不完善，劳动力市场也无法灵活配置人力资本，政府根据劳动者特定的技能类型将其安置在特定职业和特定岗位，并通过"国家干部""国有企业工人"等身份增强就业稳定性，显然，在这种计划经济体制下，经济结构稳定，技术更新速度慢，在"一招鲜吃遍天"的时代，通过职业教育获取特殊技能，有利于劳动者获得稳定的工作，也有利于直接提高劳动者的生产技能进而提高生产率。但是在市场经济体制下，劳动力市场灵活性不断提高，劳动力要素通过价格信号和竞争机制能迅速将岗位需求与劳动者进行匹配，产业结构调整频繁，技术更新加快，提升了特殊技能的折旧率，而那些技能水平较高的劳动者对特殊技能的学习能力也更强，当某种特殊技能失效后，能迅速掌握其他特殊技能，更加灵活和便捷地实现就业转换。

二、不同高中阶段教育类型毕业生的劳动力市场表现差异

　　当前教育部门基于"提高劳动者技能"和"实现产业结构转型升级"的预设而大力发展中等职业教育，并且为了实现这一目标，不惜采用行政指令和大规模财政补贴。大力发展中等职业教育是否符合我国经济发展的需要，行政干预和财政补贴是否有必要，我们需要从经济学角度予以回答，并且重新考察中等职业教育与普通高中教育、特殊技能与一般技能对于经济发展的作用。因此，本书主要回答这样一组问题，从理论层面，产业快速转型过程中，我国需要劳动者具备何种类型的技能？从教育改革层面，普及高中阶段教育，我国到底该普及普通高中，还是普及中等职业教育？

　　研究采用中等职业教育招生就业"并轨"改革作为外生冲击，研究了就业市场化改革前后中等职业教育与普通高中毕业生的劳动力市场

表现差异，这一差异也代表了劳动力市场体制转型期间特殊技能与一般技能的回报率差异。研究结果可以解释民众选择职业教育热情较低的原因，也为我国在产业结构转型升级过程中如何定位中等职业教育提供了借鉴。

第四节
论证过程

一、理论线索

本书采用"市场结构与技能选择"理论，探讨了劳动力市场的灵活性对不同技能劳动者市场表现以及技能偏好的影响。当劳动力市场发育不完善、人力资本配置不灵活时，劳动者在不同行业和职业之间转换的频率较低，掌握特殊技能后，劳动者能够更快速地顺利实现就业，并且在既定的工作岗位上，通过"干中学"不断提升劳动生产率，进而获得更高的工资收益率。

但是当劳动力市场对人力资本的配置机制发展健全并不断灵活时，劳动力的供给和需求有效匹配的效率提高，在产业结构不断调整和转型的经济体中，劳动者也倾向于根据市场发展的现实需求不断调整个人所从事的职业和行业。因此，在这种市场主导的经济体制下，劳动者倾向于接受更高水平的普通教育，提升一般技能水平，在进入某一行业后在一般性技能的基础上再培养特殊技能。

"市场结构与技能选择"理论为笔者研究我国职业教育发展和人力资本投资和技能选择提供了一个解释框架。中国的发展事实基本符合这一理论，该理论也为普及高中阶段教育、选择教育结构类型及实现劳动者技能供给与产业转型对技能需求的匹配提供了指引。

二、证据线索

（一）故事条件

目前国内外对特殊技能、中等职业教育收益率的评估一直面临内生性问题的干扰。为了克服内生性问题的干扰，其中重要的方式就是寻找改变劳动力就业方式的外生冲击，而中国在 1992 年之后启动的就业市场化改革提供了一个自然实验窗口。20 世纪 90 年代以前，在计划经济体制下，政府根据生产需要制订用工规模和技能培养计划，"招生即招工"，中等职业学校毕业生由政府、委托培养单位或集体组织安置就业，就业后很难转变行业或职业。1992 年，随着我国启动社会主义市场经济体制改革，就业市场化改革也随之启动，改革以后中等职业学校毕业生自主择业，根据市场就业行情、经济形势和产业结构的转型，自主调整就业行业，而普通高中毕业生在改革前后都是采取"自主择业""自谋生计"的方式，没有受到改革的直接影响。然而，中等职业教育和普通高中教育分别侧重于特殊技能和一般性技能，随着劳动力市场发育不断完善，不同技能的回报率和相对优势可能会发生改变。

20 世纪 90 年代的就业市场化改革的力度大，政策落实速度快，导致个体难以在短时间内调整人力资本投资策略。1993～2001 年，我国基本实现了从政府安置就业到自主择业的转变，就业市场化改革在短短几年迅速完成，这种转变之于个体的技能选择是外生的，并且发生之迅速使得劳动者很难在短时间内形成一般均衡效应。研究显示，劳动者初入职业生涯时的外部环境及其境遇对其劳动力市场表现会产生持续的影响，这种影响甚至会延续至整个生命周期（Wachter & Bender, 2006；Hamaaki et al., 2013；Choi et al., 2020），因此，劳动力市场结构转型的前后，正好对应了前后不同队列的普通高中和中等职业教育毕业生，这些毕业生初入劳动力市场的方式存在显著差异，而这种差异和改革的影响也很有可能贯穿他们的整个工作生涯。

（二）数据条件

本书使用了原国家卫生和计划生育委员会（以下简称国家卫计委）的全国流动人口监测调查数据，该数据比较适用于对中西部农村普及高中阶段教育问题的研究。第一，数据样本量大，使结果更加稳健，研究的可信性也更高；第二，变量丰富，包含了受教育状况、户籍地、个体人口学特征、就业工资与行业、职业信息，有利于笔者开展研究设计；第三，调查范围涉及全国，使研究结论具有普遍性，有利于提出普遍适用性的政策建议；第四，被访者以农村进城务工人员为主，如果要评估中等职业教育对普及中西部和农村地区高中阶段教育的效果，全国流动人口监测调查数据更具有针对性，研究结论也会更具有现实意义。

第五节
研究结论

本书梳理了不同类型中等职业教育的招生与就业制度改革过程，总结了教育与经济发展之间的关系。在此基础上，我们采用国家卫计委全国流动人口监测数据，以 20 世纪 90 年代的中等职业教育毕业生就业市场化改革为外生冲击，采用"双差分"及"倾向得分匹配—双差分"的方法，研究了就业市场化改革前后不同高中阶段学历群体的劳动力市场表现的差异。研究发现：就业市场化改革提高了劳动力市场的灵活性，加速转型的劳动力市场降低了中专学历劳动者的市场表现，导致特殊技能的收益率减少，成为技术或管理人员的可能性降低，人力资本再积累、就业的正规程度都出现了显著下降；而普通高中学历劳动者的工资收益率和工作岗位的技术性存在提高的迹象，但结果缺乏稳健性。

本书认为，劳动力市场灵活性的增加降低了特殊技能的回报率，随着技术的进步和市场机制的进一步完善，中等职业教育所培养的特殊技能会降低劳动者的就业转换能力，使其无法满足产业结构转型的需求，中等职业教育走向衰落在所难免。即使在 2006 年以后，国家对中等职业教育实施大规模的奖助学金资助计划也未能改变它的衰落，中专毕业生的劳动力市场表现在当前的经济环境下继续下降，并且与普通高中不存在显著差异。因此，在基本普及高中阶段教育的过程中，中等职业教育并不是一个有效率的选择。

第六节
研究意义

一、研究的现实意义

随着生产要素配置效率的提高及市场经济体制的不断完善，劳动力市场的灵活性还会进一步提高，因此，有必要基于前瞻视角，了解经济发展对劳动者技能结构的潜在需求。当前劳动力市场的供求、价格与竞争机制越来越健全，互联网技术、产业结构转型等因素压缩职业和行业迭代周期、提高不同就业形态之间相互替代与相互转换的频率，就业形式渐趋多元化。但是当劳动力市场中人力资本配置机制不断健全时，劳动力供给和需求匹配的效率提高，在产业结构不断升级调整的转型经济体中，劳动者更倾向选择到收入更高、发展前途更好的职业或行业工作，因此他们会根据经济社会发展、技术进步以及产业转型的实际需求，不断调整自己的就业，这也对劳动力的技能提出新的需求。

显然，单纯的一般技能或特殊技能已经不能满足社会经济发展的需要，有必要改变现有的教育结构类型，进而改变劳动者技能的储备模式。

例如，增加劳动者接受普通高等教育的机会，提升一般技能，完善岗前社会化职业培训体系，在参加工作前，劳动者有充足的机会可以在原有一般技能的基础上掌握特殊技能，顺利实现就业。

因此，本书主要分析了哪一个高中阶段教育类型更适合未来中国的发展，哪一种技能结构更能适应即将到来的产业结构转型升级。面对新的市场环境和发展条件，从当下普及高中阶段教育着手，探索如何布局高中阶段教育、构建何种教育结构才能符合未来经济社会高质量发展的需求及其发展的一般规律。

二、研究的理论意义

目前，对高中阶段不同教育类型的社会效果评估还处于缺失状态，国内关于中等职业教育和特殊技能回报率的评估研究也缺乏可信性的研究设计，导致不同研究的结论存在方向相反的困局。现有的研究主要采用倾向得分匹配、赫克曼（Heckman）自选择模型等技术手段，尝试控制能力等内生干扰因素带来的偏差。但鲜有研究者从中等职业教育发展阶段和背景入手，实施更具可信性的研究策略。事实上，他们的研究结论可信性确有不足，笔者通过对比不同研究发现，那些认为中等职业教育收益率高于初中和普通高中收益率的研究文献中，通常情况下，在取消中等职业院校就业包分配以前入学的被访者比例更高。反之，如果抽样调查数据中被访者在取消中专就业包分配以后入学比例更高的话，那么研究结论则支持中等职业教育的收益率与普通高中不存在显著差异或者更低。因此，没有厘清中等职业教育就业政策对不同队列的影响之前，无论采用何种控制内生性偏差的技术手段，研究结论都有可能受到样本选择的影响，单纯的技术手段解决不了上述问题。

本书考察不同类型职业教育的发展历程，有利于了解它们在市场经济转型期间劳动力市场地位的变化，也有可能解开中等职业教育收益率评估之谜。我们采用中等职业教育就业市场化改革作为外生冲击，研究了就业市场化改革前后中等职业教育与普通高中毕业生的劳动力市场表现差异，这一差异也代表了劳动力市场体制转型期间特殊技能与一般性技能的回报率差异。尽管就业市场化改革距今已有20余年，但市场机制转型对技能偏好和回报率的影响依然延续至今，并对我国接下来全面普及高中阶段教育，以及教育结构的选择，具有现实意义。

第七节 研究框架

本书共分为七章，分别从研究综述、环境背景、理论、论证过程及研究结论五个部分展开论述。

第一章为绪论，概括了全书的选题背景、研究内容、论证过程、研究结论及研究意义，可以从整体上了解本书的行文思路和研究过程。

第二章为研究综述，本书分别从"发展阶段、产业升级与人力资本""技术进步、技能需求与高中阶段教育的结构选择""不同高中阶段教育类型的收益率评估与比较""代表性国家或地区的高中阶段教育办学实践""中国经济转型背景下中等职业教育的发展困境"这五个方面层层细化，从理论到实践，从国内外一般发展经验到中国改革，从经济发展阶段，到技能结构选择，到高中阶段教育，再到中国的中等职业教育发展。通过梳理相关的研究，本书跟进了相关领域的最新研究。

第三章为背景部分，从中等专业学校、职业（农业）高中、技术学校三类中等职业教育入手，分别探讨了每一类教育的发展历程、招生和就业制度改革的经历，以及在招收农村生源、安置农村生源就业方面的差异。厘清教育体制与职业教育发展的背景，有利于下文设计研究策略。

第四章为理论，本书在"市场结构与技能选择"理论基础上，尝试在经济学框架内研究劳动力技能选择和教育结构选择的差异，评估市场发育程度对劳动者技能和教育类型偏好的影响。以往关于高中阶段教育尤其是中等职业教育的研究，总是将民众热衷选择普通高中的现象归因于个人的"非理性"偏好，显然，这种说法并没有理论的支持，在经验事实面前也站不住脚，该章节基于一般性理论的角度，对民众的人力资本选择提供了一种解释框架。

第五章和第六章为论证过程部分。其中，第五章主要介绍了研究数据，笔者根据人口普查数据、国家统计局农民工监测数据为基准，对研究使用的微观数据进行了代表性评估，并在此基础上，分别观察了中专学历、高中学历和初中学历的劳动力市场表现的差异。

第六章为实证研究部分，在识别出 20 世纪 90 年代各省开启的中职毕业生就业市场化改革为外生冲击的基础上，笔者采用"双差分""倾向得分匹配—双差分"研究策略，剥离出了就业市场化改革对中专学历群体和高中学历劳动者的影响及其差异。

第七章为研究总结，本章在总结上文研究结论的基础上，基于产业转型对劳动力技能需求的角度，对普及高中阶段教育的结构选择提出相关建议。经济社会高质量发展需要高水平的技能人才，快速转型的现实背景要求劳动者只有在具备高水平一般技能的基础上掌握特殊技能，普通高中阶段结束后职普分流，才能培养出满足建成制造业强国需要的技能型人才。

文献综述

第一节
发展阶段、产业升级与人力资本

一、一般性规律总结

不同人力资本水平的贡献率与对应经济发展阶段相关。研究发现，扩大基础教育规模，增加对基础教育的公共投资，对低收入国家的经济社会发展贡献程度最高（Mingat et al.，1996）；对中等收入国家来说，扩大高中阶段教育规模所产生的社会综合收益最高；而在高收入国家，发展高等教育的社会回报率最高。不同经济发展阶段有不同的产业结构和专业分工，对劳动者平均最低人力资本水平和技能结构的要求也不同（龙怡，2016）。当产业结构发生变化时，新的生产技术和设备需要劳动者具备更高的技能，因此，人力资本及教育方式就需要进行升级和转型（Galor et al.，1997）。蔡昉（2013）贯通了各国经典的经济发展理论发现，在不同经济发展阶段，生产要素的组合方式及提高生产率的可能性存在较大差异，进一步构建了物质资本与人力资本的互动机制，在匹配和升级中形成经济增长的动力。打破产业发展水平与教育层次的对应关系，就极有可能产生经济发展与人力资本的错配，造成个体教育投资意愿不足，或者导致人力资本投资不足抑制物质资本投入的产出效率。

具体来看，不同经济发展阶段的产业转型都有可能促进教育的升级，只有提高劳动者的平均技能水平才能更好地适应生产技术进步，推进技术扩散，加速技术的迭代升级。约书亚（Joshua，2015）描述了不同经济发展阶段对人力资本提升的带动作用，低收入国家的产业类型主要集中在农业和劳动密集型产业，生产过程对技术的要求较低，劳动者通常只需要具备读写等基本技能便可掌握生产必需的能力，例如，在印度接受普通初中教育的劳动者比例对经济增长的贡献最大（Geetha，2007），而在坦桑尼亚普及小学教育等基础教育有利于减少贫困的发生（Wedgwood，2007）。随着生产效率提高和农业部门劳动力持续流向非农部分，无限弹性的劳动供给不再持续，工人工资增加，低端制造业成本上升，利润空间下降，并开始逐渐转移到其他落后地区。经济体若要保持增长，则需要进行产业转型升级，发展资本、技术密集型制造业，这个阶段的劳动者需要接受高中阶段教育或接受特定技能培训才能够符合产业发展需要，因此，高中阶段教育最符合产业结构转型经济体的需要，所带来的经济社会效益也最高。经济发展进入创新驱动的阶段需要更多掌握高精尖技术的劳动者，因此，发展高等教育将更符合这一时期的经济发展需要（Lee，2001）。

从短期来看，在特定经济体中，劳动者受教育水平不是越高越好，他们的人力资本投资意愿受制于产业结构的发展水平（Atkin，2016）。大卫（David，2016）利用墨西哥1986～2000年大力发展出口加工型制造业的政策为冲击事件，发现劳动密集型产业发展造成大量的初中生辍学，劳动者投资高中阶段教育的意愿不足。蔡昉等（2014）发现中国发展外向型低技术加工制造业时，非熟练工人工资增长率快速上升导致农村适龄人口初中辍学率快速上升，初中学龄人口的教育意愿出现阶段性下降。上述研究都发现，低技术含量制造业为主的产业结构会对劳动者个体的受教育意愿产生负激励。另外，从短期来看，这种负激励也有可能发生在产业结构转型期间，原有经济增长动力不断衰减，要素投入边际产出递减，教育收益率也普遍下降，这也可能给教育等人力资本市场传递负面信号，降低其他劳动者接受教育的意愿（蔡昉等，2012）。

但是从长期来看，产业升级和生产技术推广都需要人力资本与生产技术之间相互诱导，即劳动者整体人力资本水平高，才能更快掌握新的生产技术，促进技术的推广，同时新生产技术产生也促使教育不断升级。森德（Sunde，2005）采用了"非马尔萨斯"范式的长期增长理论，研究发现人力资本形成、技术进步及个体的预期寿命之间是一个内生增进的过程，受工业革命等技术革新冲击，三者相互诱导，不断向更高水平稳态发展。阿西莫格鲁（Acemoglu，1998）研究发现，劳动力市场上技能型劳动力占比高，在短期内会降低技术本身的价格，但长期来看能够促进技能增进型技术的发展，进一步促进劳动者生产率的提高，向山（Mukoyama，2004）详解了这一作用机制：特定经济体中，最广大劳动者的人力资本水平越高，越能够更快地适应、推广和传播新的生产技术，并且鼓励技术、设备提供者简化或集成操作程序，降低使用难度，推进技术在不同行业的普及，最终提高社会总体生产率。

二、来自中国的直接经验

（一）1978~1991年：改革开放与普及小学阶段教育

1978年，中国实施改革开放，对外实施出口促进战略，改变了过去自给自足和进口替代的增长方式。20世纪70年代初，周恩来总理签署了引进价值43亿美元西方设备的"四三方案"，期望通过大规模引进欧美日等发达国家的设备、技术和服务来调整国内"军重偏斜"的经济结构。1976年，中国政府进一步加大从西方引进外资规模（温铁军，

2013），当时引进的设备多安放在国营企业内，由于工人的人力资本水平普遍偏低，很多设备出现无人会用的情况。1978 年以后，改革开放改变了以往的"进口替代"模式，实施出口促进，利用中国初级产品在国际贸易中的比较优势，引进现代科技和管理经验（Liu et al.，1994；科斯等，2013）。

1978 年以后，中国对内鼓励社队办企业，乡镇企业快速发展，吸引了大量农业剩余劳动力。农村实行家庭联产承包责任制同时，国家还提高农产品收购价格，农户家庭收入增加（刘志雄等，2005），产生了大量剩余劳动力。但城市部门的改革还集中在增加国有企业经营自主权方面，此时，户籍制度壁垒严控人口流动，农村剩余劳动力只能在本地寻找非农就业，因此，社队纷纷创办企业，从事初级产品加工制造（于立等，2003），乡镇企业成为吸纳农村剩余劳动力和解决失业问题的主要途径。但大部分乡镇企业规模小、产能低，没有先进的技术和生产设备，也对工人的技能没有很高的要求（万广华等，2006），成为城市大企业的加工厂或者原材料供应商。1978～1988 年，中国沿海地区乡镇企业发展迅速，但整体而言，设备陈旧，工艺落后，大部分乡镇企业在发展之初大都是通过接收周边城市工业淘汰的设备起家，在集体经济下通过"劳动替代资本"的方式来解决资金短缺问题（鲍有悌，1988）。尽管中国处于原料生产和初级加工制造业的阶段，对劳动者技能要求低，但是大量具备初步读写能力的廉价劳动力，一方面有利于吸引外商投资，技术、设备的培训成本低；另一方面也有利于农村剩余劳动力转移到非农就业部分，便于现代化的工厂进行组织和管理。

于是，为抓住发展机遇，中国政府全面普及小学教育，扫除青壮年劳动者的文盲现象，提高劳动者的整体素质。1980 年，中央政府发布《关于普及小学教育若干问题的决定》，决定在 80 年代全国全面普及小学教育，有条件的地区可以推进普及初中阶段教育。1985 年，《中共中央关于教育体制改革的决定》提出有步骤地实行九年制义务教育，动员全社会大办教育。教育的薄弱环节在农村及中西部偏远山区，由于财政能力有限，国家动员村社集资修建学校，开办小学校和教学点，号召"人民教育人民办，办好教育为人民"（庞明星，1985；金辉，1985）。为进一步规范基础教育事业的发展，1986 年国家颁布《中华人民共和国义务教育法》，规定了适龄儿童接受义务教育的权利和义务，并规定了教育管理体制、学制及经费拨付机制。此外，国家相关部门还针对乡镇政府的职责、女童受教育权、就近入学、偏远地区教学点建设等情况出台了针对性政策。到 1990 年，小学巩固率为 97.8%，基本完成普及小学阶段教育的目标，但是，从初中阶段教育入学率和在校生规模来看，初中阶段教育还未实现普及（廖其发，2008）。

（二）1992~2003 年：市场化改革与全面普及义务阶段教育

开启市场化改革后，中国实施沿海经济发展战略，发展"两头在外，大进大出"的外向型加工制造业。1987 年，中央政府提出"使经济特区、沿海开放城市和开放地区逐步形成外向型经济"，时任国务院总理赵紫阳在考察江浙地区时，主张"沿海地区具有天时地利的优势，加上内地资源支持，完全可以发展外向型经济，走向国际市场，参与国际市场竞争"，"贯彻实施沿海经济发展战略，关键是必须把出口创汇抓上去，要两头在外、大进大出、以出保进、以进养出、进出结合"（田纪云，2009）。为缓解改革开放以来引进西方设备、技术的贸易逆差，1992 年中央政府进一步开放沿边、沿江、内陆和边境地区部分城市，并且在 1994年进行外汇体制改革，使中国对美元汇率一次性贬值 50% 以上，本币大幅贬值相当于在全球资本流动中人为制造要素低谷，短时间内形成巨大的成本优势，1994 年当年，中国的进出口贸易迅即从逆差转为顺差（温铁军，2013）。

同时，乡镇企业优势逐渐丧失，本地非农就业的机会减少，沿海外向型经济和一系列的市场化改革促使农村劳动力转移到东南沿海地区。

乡镇企业由于技术设备落后，得不到国内正规金融系统的资金支持，而且以农民为主的劳动者技能水平低下，1988 年中央开始调整宏观经济过热问题，乡镇企业在"城市工业优先"的政策导向下不断衰落，本地非农就业吸纳能力下降，随着大批乡镇企业倒闭，"以工补农"的作用受到遏制，农业投入下降，农村福利减少。1992 年，邓小平南方谈话推动了市场化改革进程，当年中国进一步开放沿边、沿江、内陆和边境部分城市，推进外向型加工制造业的发展，当年 4 月取消粮票，为劳动力自由进城务工消除了生存性制度障碍，1993 年外出务工的劳动力数量陡然增加到 4000 万以上，直接弥补了因乡镇企业倒闭而造成的收入下降问题（温铁军，2013）。

农村劳动力进城务工和外向型制造业的发展，都需要劳动者具备更高的人力资本水平以适应新的发展模式。到 1990 年，中国基本完成扫除文盲、普及小学阶段教育的任务。1995 年，针对中西部地区在分税制改革后财政能力薄弱的问题，教育部和财政部等部门开展"贫困地区义务教育工程"，通过转移支付的形式支持"八七攻坚计划"确定的国家级贫困县，帮助这些义务教育薄弱的地区修缮校舍、教学点布局撤并、扩充和改善师资等。到了 2000 年，中国实现了在"联合国千年发展目标"中的承诺：到 20 世纪末实现普及九年制义务教育（二十一世纪教育研究院，2013）。2000 年人口普查结果显示，接受完初中教育人口规模占总人口的比例基本等于仅接受完小学教育人口占总人口的比例，中部和东部地区初中及以上学历的人口开始超过小学学历人口总数。在 20 世纪末，中国完成普及九年义务教育的任务，基础教育的发展促进了经济的增长，钱等（2006）研究了中国 20 世纪 90 年代各生产要素对经济增长的贡献率，发现这一时期小学学历人口比重对 GDP 的增长有显著的贡献，而初中及以上学历的人口占比的贡献率不显著。约书亚（Joshua，2015）认为中国进行市场经济建设的初期，由于资本缺乏，产业类型主要为附加值较低的劳动密集型产业，接受过初等教育的劳动者便可掌握生产所需要的技能。

(三) 2003 年至今：经济增长、结构转型与普及高中阶段教育

从劳动力供给因素来看，2003 年以后，劳动力市场面临人口红利消失、民工荒、技工荒及用工成本上升等一系列问题，为保持经济可持续增长，中国愈发需要提升劳动者人力资本水平，从数量优势转为质量优势。2004 年开始，全国各地开始制定本地最低工资标准，随着劳动力短缺问题逐渐凸显，最低工资不断提高，非熟练工人的实际工资不断提高，中国开始进入刘易斯转折点（蔡昉，2017）。尽管非熟练工人工资提高，人口红利窗口期不断变窄，但都阳等（2009）通过测算规模以上企业的生产率发现，2000 ~ 2007 年间制造业的劳动力成本优势并未减弱，但若要保持这种优势，有必要进行产业结构升级和提升劳动者的人力资本水平。

从产业结构来看，传统产业结构虽然支撑了中国经济快速增长，但粗放型产业结构无法长期可持续发展，而现有的劳动者技能水平可能阻碍了产业结构的升级调整。进入 21 世纪以后，全国地方政府热衷于 GDP 增长锦标赛，由于信息不对称，中央难以有效约束地方"重生产，轻创新"的投资偏好（吴延兵，2017），为创造产值不惜发展"高污染、高能耗、低附加值"的落后产能。随着物质投资回报率下降，中国面临新一轮的产业转型升级，提高劳动者技能水平势在必行，赫克曼（Heckman，2005）认为中国物质资本边际回报率减少的重要原因之一，便是劳动者落后的技能水平与新技术和设备不匹配，无法将资本最大化地转化成产能；若要实现产业结构从劳动密集型转到复杂技术密集型经济，中国还要有更多的高技能劳动力及其他的软件设施建设（Garnaut，2011）。蔡昉（2014）认为随着农村劳动力占比不断下降，劳动年龄人口出现负增长，GDP 快速增长与良好就业之间的相关性在不断式微，在提升就业质量方面，增长不再是充分条件，产业结构和技能水平匹配层次不断提高将带

动工作条件和工资水平的改善。

从贸易结构来看，传统的外向型制造业带来的技术外溢效应有限，不利于国内产业结构升级。克瓦克等（Kwark et al.，2006）采用103个国家从1970~1995年的跨国面板数据研究发现，本国人力资本积累水平越高，外资研发投入在本国的外溢性就越强，但也有学者（Fu，2005）认为中国的外向型企业多为劳动密集型的加工制造业，出口企业的研发投入仅占全行业平均研发投入的14%，贸易的比较优势是建立在劳动力廉价而非技术优势的基础之上，因此出口的增加并不能带来创新的动力。

提升劳动者的人力资本水平是促进劳动力市场、产业、贸易的转型的重要动力。劳动者整体教育水平提高会降低该教育类型劳动者的工资水平，有利于将人口数量优势转变为质量优势，推动技能密集型制造业和服务业的发展，增强对高技能劳动力的吸纳能力（蔡昉，2014）。根据约书亚（2015）的研究，中国的产业转型需要更多劳动人口接受更高水平的技能培训，从而与更复杂的技术相匹配，在目前已经普及义务教育的背景下，需要进一步推进高中阶段教育的普及程度和范围。但是也有学者基于发达国家的发展轨迹推测，中国会出现就业极化现象，先进制造业、现代服务业的就业吸纳能力在不断增加的同时，城市中生活服务业也在不断发展，这些低技能工作对学历要求较低，通常只有小学或初中学历便可满足工作要求（龙怡，2016）。但近年来互联网、物联网技术已经逐渐成为城市服务业的载体，一方面将临时性服务需求与自由劳动力匹配到一起；另一方面也增加了对服务业从业人员的一般性技能要求，能够熟练通过互联网等科技手段寻找潜在的用户。因此，从这个角度来看，就业极化现象中低技术含量服务业的发展并不能成为减缓提升劳动者技能水平的理由。普及高中阶段教育进一步提升劳动者的技能水平，但是什么样的结构类型更适合中国目前的转型，相关的研究不多。

第二节
技术进步、技能需求与高中阶段教育的结构选择

一、培训、技能与职业教育

贝克尔（Becker，1964）的研究被公认为是培训和人力资本理论的开山之作。贝克尔将劳动力市场中的培训分成两类：一般培训（general training）和特殊培训（specific training）。一般培训是指接受的培训内容对其他企业同样有用，也能提高生产效率；特殊培训是指专门适用于特定企业生产需求的技能培训，如果劳动者离开企业，这种培训的价值将丧失。这种特性也决定人力资本投资的成本分担机制：在竞争性劳动力市场中，由于一般性技能也可以在其他企业获得同样的收益，因此，雇主投资一般性技能培训的积极性较低。对于特殊培训，雇主通过劳务合同对培训后的工资进行微调，调整后的工资高于培训前的水平，但低于培训后的边际生产率，这样就保证企业和劳动者分享特殊培训的收益。贝克尔的理论有两点假设：一是完全信息的劳动力市场；二是一般性技能与特殊技能有明确的分界。但现实劳动力市场中，劳动者一般性技能和特殊性技能的形成、成本支付等情况可能会超越理想模型的预测范围。

在后来的研究中，特殊培训培养劳动者的特殊技能，这种特殊性从贝克尔限定的企业排他性拓展到职业排他性，这意味着那些离开特定企业或职业后价值丧失的技能均可以看作特殊技能（Lazear，2009）。人力资本和工作搜寻理论认为，一般性技能主要是指通识教育或工作经验，而特殊技能主要与特定单位或职业相关。人力资本和工作搜寻理论认为，一般性技能主要是指通识教育或工作经验，而特殊技能主要与特定单位或职业相关（Gathmann，2010）。

有人认为应该大力发展职业教育，培养劳动者的特殊工作技能，为新增劳动力直接进入某些特定行业做准备。另外也有一些人强调发展普通教育，能够为学生提供更为广泛的知识和基本技能，如数学演算、沟通、读写能力，这些能力是未来继续深造、干中学及在岗培训的重要基础。这两种观念也代表了欧洲和美国举办高中阶段教育的模式差异。

许多欧洲国家和发展中国家都采用德国的"双元制"（dual system），在中等教育阶段举办职业教育或直接工学合作的学徒制。这种做法潜在的逻辑是通过特殊职业技能训练，使劳动者能更快地进入劳动力市场，并且在短时间内提高劳动生产率。

考虑特殊技能很容易被替代而过时，有必要增强劳动者适应新技术的能力，美国不再将中等职业教育纳入正规教育体系，不再单独举办职业教育（Zirkle et al.，2012）。自从1917年美国通过"史密斯 – 休斯法案"，职业技术教育和培训（formal technical and vocational education and training，TVET）就成为美国教育体系的组成部分，但这种教育类型并不列入正规教育体系之内，学生毕业或者申请大学时也不需要提前接受职业教育。职业教育主要是针对岗前技能培训，并且课程设置不能低于中学水平。

二、技能结构与经济发展模式

一个社会经济体选择中等职业教育还是普通高中教育，既是对特殊技能或一般性技能的结构选择，也是对长期或短期人力资本投资的权衡。若是选择职业教育，可以在短时间内提升劳动者的应用型技能，帮助个体迅速实现就业，但是当一个经济体面临结构调整和技术转型的时候，特殊技能的折旧率就会提高，特殊技能很快就会过时，其价值可以在短时间内面临较大幅度贬值。若是选择普通教育，培养劳动者的一般性技能，读写、计算及逻辑思考能力，虽然在短时间内无法显著提高劳动者生产率，但是在经济结构转型期间，这些一般性能力能够帮助劳动者顺利实现职业转换。因此，选择普通教育还是选择职业教育，这种教育结构选择的背后是这个经济体的经济发展模式和产业转型对劳动力技能的需求。

教育结构选择是经济增长差异的重要来源。克鲁格等（Krueger et al.，2004）发现对职业教育和普通教育的偏好很可能是美国和欧洲经济增长差异的重要来源，职业教育（技术导向）相对于普通教育（理论导向）容易导致教育接受者对新技术的适应能力下降。瓦斯默（Wasmer，2006）重新分析了欧洲和美国的技能教育培训体系，欧洲重视职业教育的传统接近 S 体制（S－regime），而美国更注重通识教育和一般化技能培训，可以看作 G 体制（G－regime）。两种教育体制对劳动力职位转换和再就业成本产生显著的差异。教育结构不仅能够解释欧洲和美国的经济增长差异，也能够解释欧洲不断增加的失业率（Ljungqvist et al.，2005）及过去几十年不断增加的工资差距（Violante，2002）。

选择职业教育还是普通教育，任何一种选择都没有绝对的比较优势，而是在不同经济稳态下的权衡和抉择。瓦斯默阐释了两种不同选择所适应的经济形态：一方面，在 S 体制中职业转换的成本很高，而且从一种稳定状态转换到另外一种稳定状态会产生显著的负面影响；而另一方面，在特定的经济阶段，S 体制的边际生产率更高。因此，是否选择和推广职业教育也面临如下权衡选择：追求某种经济状态下的高生产率，还是追求经济转型中较低的职业转换成本。从一种稳定状态到另外一种稳定状态的转换，从宏观上可以看作"经济结构转型"，从微观个体层面可以视为"职业转换"（Gathmann et al.，2010）。

三、特殊技能与就业转换

在特殊技能劳动者的市场表现较好的情形中，通常可以看到，特殊技能劳动者的比较优势通常是劳动力市场不健全、信息不对称本身所带来的。瓦斯默发现劳动力市场中工作转换（job turnover）越困难，人力资本配置摩擦性（frictions）越大，那么劳动力市场越不灵活（slackness），这种情况下，增加对特殊人力技能的投资所带来的收益往往会大于对一般性技能的投资。因此，劳动力市场中较低的工作转换能力既是特殊技能投资的原因也是其结果。瓦斯默的理论是贝克尔在完全劳动力市场假设下所没涉及的。

不健全的劳动力市场阻碍了劳动力的自由流动和配置，主要表现形式就是就业保护政策。贝托拉等（Bertola et al.，2000）发现就业保护政策减少劳动力失业风险的同时，也增加了失业者再就业的难度。举例说明，如果经济体中，可以将每个职业比喻成隔绝的孤岛，那么生活在每个孤岛上的人把属于本岛的生存技巧掌握得越好，生活质量也会越高；但如果每个岛屿联络越来越多，掌握所有岛屿共同生存技巧的收益便更高。赫克曼（Heckman，1994）认为德国的学徒制培训项目中，相关技术的知识面过窄，劳动者后期的职业选择会越来越窄。因此，一般性技能培训的收益率往往会高于特殊技能培训，技能结构越趋于一般化，劳动者在面临失业后再就业或者职业转化的效率越高，劳动力市场的摩擦性也就越低。

随着技术的快速进步和演化，年轻人通过职业教育获得收益很有可能被降低的工作转换和适应能力及不断减少的就业机会所带来的成本掩盖掉。汉纳谢克等（Hanushek et al.，2011）认为职业教育相对于普通教育，其收益率随着年龄和技术的进步会普遍出现下降。职业教育一直以来被认为是实现教育到工作有效连接的途径，但是它也影响了劳动者在面临经济体技术或结构转型时的适应能力，所以，职业教育培训虽然在短期内保证了劳动者能顺利进入劳动力市场，但是这种优势随着经济形势变化会被逐渐消减掉。而且，接受了职业教育的劳动者的工作转换效率损失大于接受普通教育的劳动者，因此，有可能最终减少专业化培训带来的收益。

特殊技能阻止了劳动者向技能增进型企业或职业转换的可能性，并且导致离开培训的公司或所学的专业后，出现工资下降的问题。尤其是当出现经济周期或生产技术更新的时候，这种技术的转换和宏观经济的再配置会进一步恶化仅接受职业教育的劳动者的就业能力和市场表现（Wasmer，2006）。职业转换能力在未来越来越重要，很多研究也发现，职业间转换的频率在最近几十年在不断增加（Parrado et al.，2005；Lalé，2012）。研究者将1993～1995年罗马尼亚工业大规模失业与劳动力调查数据匹配，评估了失业对劳动力配置的影响效应，研究发现接受过大学和普通高中教育的劳动者实现再就业的可能性比较高，他们主要是流向服务业部门。而那些接受小学和职业教育的劳动者失业的可能性高，而且在服务业实现再就业的可能性远低于接受普通教育的劳动者（Earle，1997）。

但是，随着经济发展和技术的不断更新换代，劳动力市场越发偏好职业转换能力更高的普通技能型劳动者，互联网的发展提高了企业与劳动者、服务需求与供给之间的有效匹配程度，互联网一方面提供减少了失业（Kuhn et al.，2004），另一方面也提供了更加多样化的服务。随着技术发展，互联网和智能手机将即时性的服务需求与自由劳动力供给匹配到一起，形成"按需就业"的就业模式，这些就业新业态的出现，对于劳动者掌握更高的文化程度和通识技能提出了更高的要求。汉纳谢克等（Hanushek et al.，2011）发现接受了普通教育的个体初始工作时面临的就业状况比较严峻，但随着他们年龄增长，他们就业的可能性要高于那些接受职业教育的劳动者。因为随着年龄的增长，那些接受普通教育的劳动者更有可能接受相关的技术培训，在不断更新的技术中不断更新自己的技能水平。例如，社会经济结构经历了剧烈变化的苏联，接受普通教育的劳动者，与接受了职业教育的劳动者相比，更有可能找到合适的工作，因为普通教育的课程涉及外语、计算和读写能力的训练，这些都更有可能让他们迅速适应经济形势的变化，对这些劳动者再进行职业培训的效率会更高（Schachimanyan，1994）。

总之，一方面是特殊技能培训与较强的劳动保护政策，另一方面是低水平的劳动保护政策与一般化技能，很难实现帕累托最优。两者在一定经济状态中各有利弊，因此，我们只能认为，当劳动者掌握一般性技能后且经济面临较大波动时，劳动者更容易实现职业转换，且转换的成本较低。

第三节
不同高中阶段教育类型的收益率评估与比较

一、世界其他国家的职业教育收益率

为了能增强学生在校学到的知识与工作直接连接起来，发展职业教育成为一条可行的路径（Ryan，2001），世界大多数国家也通过发展职业教育和技能培训来提高年轻人的就业能力，以实现顺利就业。各国政府也都习惯性地认为本国技能型劳动力缺乏，或劳动者技能水平不高。提高劳动者技能水平通常被认为是减少贫困、降低失业，增加社会融合的途径（OECD，1996）。另外一种社会共识就是，低技能劳动力可以通过教育或培训提升技能水平，因此，低技能劳动力应该通过通识性的一般教育或技能培训来武装自己，以适应知识经济时代的发展。一些研究也认为职业、技术教育比普通教育有更高的回报率，接受了职业教育的劳动者的生产率更高，他们都会被配置到生产率更高的就业部门（Fuller，1976；Chung，1987；Ziderman，1988；Chin－Aleong，1988）。

但另外有一些研究认为，当社会就业机会不断增加，技术变化相对稳定时，职业教育相对于普通教育的比较优势才会存在，若经济环境不

能满足上述条件，职业教育的比较优势可能就无法凸显。一个经济体的就业机会在不断增加，而且培训与就业能实现良好的对应和匹配，职业教育能够带来较高的收益，对特殊技能的人力资本投资收益率会高于普通教育的投资（Chung，1990；Neuman et al.，1991；Arriagada et al.，1992）。但大多数的情况下，良好的经济形势及培训与就业的精准匹配并不常见，因此，职业教育的回报率可能与普通教育的回报率没有区别（Psacharopoulos et al.，1985；Moock et al.，1988），甚至更低（Middleton et al.，1993），培训的效果似乎无法体现在劳动力市场的表现上。世界银行的研究人员基于中等职业教育和普通高中的课程设置，认为普通高中教育投资的回报率会显著高于中等职业教育（IBRD，1995：8）。

目前，对教育收益率的研究主要集中在受教育年限增加所带来的边际贡献，关于高中阶段教育不同教育类型的收益率评估并不多。雷安（Ryan，2001）发现，由于存在不可观测特征等内生性问题的干扰，研究者很难准确评估职业教育课程及培训的收益率，基于随机受控对照实验的研究几乎缺失，而现实世界也缺乏良好的改革实践和观测窗口。目前，主张发展职业教育的一方认为，职业教育能够给年轻人提供当时社会最需要的劳动技能，帮助他们实现技能与市场需求的匹配，顺利进入劳动力市场，然而，大量研究并没有提供可信的证据表明职业教育相对于普通教育更具有优势。

奥斯特比克等（Oosterbeek et al.，2007）采用了荷兰学制改革的证据评估了职业教育的收益。1975 年以前，荷兰的职业教育学制一部分为 3 年，另外一部分为 4 年。1975 年以后，将学制统一延长为 4 年。作者采用双差分策略研究了职业教育延长一年所带来的长期的收入增加效应。参照组为那些没有延长学制的劳动者。研究发现，延长一年学制并没有显著增加职业教育者的收入，这也能说明接受一年职业教育培训与增加一年工作经验的收益相当。

佛斯特尔等（Ferstere et al.，2008）认为德语区国家缺少对学徒制培训的费效比研究，作者采用奥地利企业倒闭对学徒工培训周期的外生影响做工具变量，发现职业教育与普通教育相比没有比较优势。研究团队首先采用普通最小二乘法，结果显示职业教育与其他类型的普通教育对劳动者的收益率影响不显著。然而，由于职业教育的质量存在显著差异，而且参加职业教育的劳动者存在选择性偏差。为了克服由于能力等不可观测特征造成的干扰，作者采用了奥斯汀面临关闭企业的所培训学生的收益率，当一个企业面临倒闭时，在这个企业的学徒就无法继续完成学业。由于学徒需要经历不同的学习阶段，企业倒闭将会改变学徒的时间长短，因此学生所处学习阶段企业是否倒闭便可以作为学生接受学徒培训时间长短的工具变量，工具变量法的回归系数尽管比普通最小二乘法的系数变大，但依然无法证明职业教育比其他普通教育存在比较优势。

马拉穆德等（Malamud et al.，2010）采用了罗马尼亚向市场经济转轨期间的改革证据来评估职业教育和普通教育的比较收益，结果也未能证明职业教育的比较优势。1973年，罗马尼亚将大量职业教育学校转变为普通教育学校，作者根据普查和家庭住户调查数据，采用断点回归设计研究发现，教育改革之后，制造业就业的劳动者比例下降，但劳动者的劳动参与率和工资收入没有显著变化，可以认为职业教育和普通教育在收益率方面没有显著差异，作者认为其他职业教育相对于普通教育的就业优势可能主要是由样本选择造成的。

斯登伯格等（Stenberg et al.，2015）研究发现，职业教育相对于普通教育存在一定的生产率和个人收益率上的比较优势，但这种优势会随着时间周期和个体的异质性而有所差异。1997年，瑞典相关部门提供的失业培训中有普通高中教育和中等职业教育两种可供选择的类型，这为评估两种教育类型的影响效应提供了良好的观测窗口，作者将参加培训的劳动者与1990～2010年的普查数据相匹配，发现特殊技能培训在短期内能够显著提升劳动者的收益率，这种收入优势能够维持5～7年。然而，对于那些学历文化程度较低的女性来讲，研究发现普通教育比职业教育更具有比较优势。

二、中国中等职业教育收益率评估

中国的职业教育发展经历了不同阶段。按照和震（2009）的研究，基本上可以将中等职业教育的发展分为四个阶段：恢复阶段（1978 ~ 1984 年）、发展阶段（1985 ~ 1996 年）、滑坡阶段（1997 ~ 2001 年）和重振阶段（2002 年至今）。在恢复阶段，"文化大革命"（以下简称"文革"）过程中过度发展普通初中和普通高中，普通中等教育出现"戴高帽"的现象，而职业教育基本处于荒废的程度，因此，国家重新恢复发展中等职业教育，增加师资和财政投入。在发展阶段，在计划经济体制下，中专毕业生工作基本包分配，当时还建立了国家或省级的职业教育中心，外部的政策和资金支持使中专吸引了大批优质生源，也使中等职业教育出现了一时的繁荣发展。在滑坡阶段，中国处于从计划经济向市场经济转型的时期，一方面学校的主管单位、主办企业在国企改革中发展日益困难，因此也减少了办学投入，国家也取消了就业包分配等偏向性政策，在市场竞争中职业教育毕业生的市场竞争力和比较优势也开始逐渐下降；另一方面职业教育培养内容和模式未随着市场经济的发展作出相应调整，专业设置和课程体系滞后，与实际发展需要不符合，职业教育每况愈下。在重振阶段，2002 年以后，国家不断增加对中等职业教育的财政投入，探索校企合作和工学结合的技能型人才培养模型，从 2007 年起开始建立贫困家庭学生资助体系，但这个时期的教育发展质量饱受争议和质疑。由于以上不同阶段在培养学生的方式、国家支持政策方面均存在显著差异，在评估中等职业教育收益率、特殊技能生产率的时候，需要考虑个体在接受教育时处于何种发展阶段。

关于中国中等职业教育收益率的评估不多，而且不同调查数据的结论也存在差异。我们将收益率主要分为个人就业、个人收入及家庭收入三个层面，基于上述视角，我们分别观察不同研究的结论差异。

首先是对个人就业的影响。李莹等（2008）采用中国城镇居民教育与就业调查数据，研究发现接受中等职业教育的劳动者的待业时间比接受普通高中教育的劳动者更低，因此他们认为中等职业教育有利于提升个体的就业能力。但是，也有研究证明中职教育在增加就业机会方面没有显著影响，有学者采用中国 2 个城市 1433 个受访者的调查数据研究了劳动者受教育水平与劳动力市场表现之间的关系。研究发现，岗前技能培训有利于改善工作绩效，但是职业教育与普通教育相比并没有表现出显著的优势，作者认为我国相关部门一直认为职业教育能够帮助年轻人掌握必要的技能，以便更容易实现就业，因此在高中阶段大力推广职业教育（Yang，1998）。这种做法与过去几十年大量经验研究的结论背道而驰，世界各国大量经验研究表明职业教育在增加就业机会和费效比方面与普通教育相比并没有比较优势。周正（2008）指出，由于中等职业教育办学质量差，生源质量不断下降，毕业生在就业市场上社会认可度不高，中等职业教育毕业生在劳动力市场上的就业和发展机会均低于普通高中毕业生。刘万霞（2013）采用国务院发展研究中心在 2010 年开展的农民工调研数据，研究了中等职业教育对进城务工人员就业的影响，她发现中等职业教育并没有显著增加农民工的就业机会，也没有影响他们从事的职业类型，作者认为该结论也反映了目前中等职业教育发展不力，与市场实际发展需要不相符。但是以上研究缺乏可信性的设计，无法排除能力等内生性偏差的干扰。

其次是对个人收益率的影响。国内有部分学者研究认为中等职业教育显著增加了劳动者的收入水平。李实等（2003）利用 1990～1999 年的城镇收入分配数据研究了城镇居民的教育收益率，研究发现，中等职业教育学历劳动者的工资收益率既高于初中学历劳动者，也高于普通高中学历的劳动者。栾江等（2014）研究了职业教育对农村劳动力非农收入的影响，该研究也认为中等职业教育对农村劳动力非农收入的增加效应超过了普通高中和初中学历劳动力。但是也有研究认为，中等职业教育并没有比较优势。颜敏（2012）采用中国家庭收入调查（CHIP）数据，采用赫克曼样本选择模型控制了样本选择偏差和能力的内生性问题，发现接受中等职业教育的劳动者平均年收入比初中毕业生高，但与普通高中学历的劳动者没有显著差异。魏万青（2015）采用了珠三角和长三角农民工数据，研究了农民工的中等职业教育回报率，研究发现中等职业教育低于平均受教育回报率，虽然比初中毕业生更高，但却低于普通高中毕业生。但是上述研究者并没有深入研究中等职业教育发展的历程和阶段，1996年取消包分配改革、1997年中等专业学校招生并轨改革及1999年的高校扩招，都影响了中等职业教育的办学质量、生源质量。在抽样调查中，样本中包含的改革前后的中等职业教育毕业生比例在很大程度上会影响对中职教育收益率和比较优势的评估，然而陈伟等（2016）采用中国家庭动态调查数据，证实了中等职业教育回报率的队列差异，研究发现改革开放初期那些接受职业教育的劳动者比普通高中毕业生的工资收益率更高，但是1990年以后职业教育毕业生的比较优势开始逐渐消失，研究认为中等职业教育的劳动力市场比较优势来源于改革开放后中国高技能劳动力供给不足的特定历史背景，而中等职业教育的比较优势下降甚至消失主要是因为高校扩招造成的职业教育文凭贬值。

最后是中等职业教育对农村居民家庭收入的影响效应。国外学者对发展中国家的人力资本投资研究中，通常将职业教育等同于非农就业的技能教育，因此，若劳动者接受中等职业技术培训后依然从事简单农业生产，这会是一种无效的人力资本投资（Malamud et al.，2010）。周亚虹等（2010）采用对苏北地区农村家庭的微观调查数据，研究发现家庭中若有中等职业教育学历的劳动力，家庭总收入会更高，职业教育主要培养技能型人才，中等职业教育毕业生通常能够掌握一到两门实用性生产技术，有利于家庭农业的生产经营，从而有利于促进农村家庭的增收。

第四节
代表性国家或地区的高中阶段教育办学实践

一、德国的双元制模式

从举办职业教育培训的各国经验和效果来看，欧洲尤其是德国的办学成果最为突出，而双元制的运行模式是成功的关键。双元制的模式，即政府财政支持、企业举办培训和全面资助的方式。双元制使德国的职业教育有稳定且充足的资金来源，而且大企业和行业协会为企业储备技能型人才而直接参与培训，能够保证培训的技术与生产发展的需要相匹配（Zwick，2005）。而且德国的经验发现，当职业培训由雇主而非学校或政府运作时，似乎更加有效，雇主培训一般采用学徒制形式。林奇（Lynch，1994）发现，雇主提供的培训在很多国家具有显著回报。

德国的双元制职业教育培训体系使企业成为重要的参与主体，也成为其成功的重要保证。企业通过学徒制举办职业教育培训，能够节省部分劳动成本；并且在培训环节就可以遴选企业需要的优秀员工，免去了为新员工进行岗前培训的环节，员工也能尽快地适应工作岗位的生产环境。同时政府也对企业参与培训的支出予以财政支持，平衡企业的经济负担。企业参与的中等职业培训避免了技术培训单一，课程与实际脱节，以及财政投入不足、培训硬件设施落后等问题（陈茜，2016）。

德国的中等职业技术教育不仅限于双元制，同时还实行过渡制，在实现学术型教育和职业型教育分流的同时，也对不同生源质量的职业教育学生进行分流，做到因材施教。德国义务教育规定，初中毕业生毕业后还需要接受至少 1 年的全日制教育，或者 2~3 年的非全日制教育，因此，对于那些学习能力较差、继续投资教育意愿较低的个体，他们通常没有能力或没有意愿进入双元制或者全日制职业教育学校。针对上述学生，国家成立过渡制教育系统，作为一种教育救济措施，为学习能力较弱的初中毕业生提供进入社会和劳动力市场的必需基本技能（李俊，2016）。

二、瑞典的学徒制培训

瑞典的职业教育质量也比较高，而且有比较完整的课程培训和质量监督体系。瑞典的职业教育发展规模超过了普通教育，在每个队列人口中，平均有 2/3 的人都会接受公司提供的高中阶段学徒制职业教育，只有 20% 的人会选择就读学术型高中（CCRE，2014）。瑞典的学徒制职业教育不同于过渡制教育或失业技能培训，其教育质量比较高（Hoffman，2011）。

瑞典的学徒制职业教育有比较规范的课程设置和质量考核体系。学徒制课程包含一般性技能和特殊职业技能内容，学制为 3~4 年，每周 3~4 天在工厂实际操作，每周有 1~2 天在职业学校学习理论课。在工厂中，他们学习的内容比较广泛：工厂的产品和生产技术、职业的任务内容、职业要求。在职业学校中，学生会参加普通教育课程及与职业相关的技能课程。由于工厂和职业学校培训的内容过于专一，技能覆盖面较窄，全国行业协会还会组织行业技能培训，增加培训的技能种类，扩充技能涉及的职业种类。在最后学习结束后，学生要进行结业考试，考试内容涉及一般性理论和特殊技能，包含面试、笔试及实操（Mueller et al.，2015）。最终考核合格的学生会获得国家承认的技能证书，成为具有相当社会认可度的专业技能人才。

为了保证中等职业教育体系高质量运行，瑞典等欧洲国家也引入了标准化测试，提供能被劳动力市场甄别的标准化信号。沃斯曼恩（Woessmann，2003）认为国际经验表明，相对于学校自我评估教育质量，在学历层级较低的教育体系中引入标准化测试有利于提高教育质量。独立第三方技能评估机构的技能统一考核减少了当事人接受培训的内容与企业对工人能力需求之间的信息不对称（Acemoglu et al.，2000；Malcomson et al.，2003），并且能够保证受教育者在毕业之后到其他企业顺利就业。

三、亚洲代表性国家或地区的发展经验

20 世纪 70 年代以后，亚洲部分国家或地区开始承接欧美的产业转移，加工型制造业得到快速发展，对技能型劳动力的需求也在不断增加，这一时期，新加坡和中国香港地区的中等职业教育得到快速发展。但是在所有教育体系中，中等职业教育的学生和投资规模始终占据较小的比重，并不是高中阶段教育的主要组成部分（Morris，1996），初中毕业生仍主要接受普通高中教育。从职业教育的提供主体上来看，由于该教育类型并不列入正规教育体系，因此，职业教育的主要负责机构也并非教育系统内的部门，如在新加坡主要是由经济发展局（Economic Development Board）来负责，在中国香港主要是由职业训练局（Vocational Training Council in Hong Kong）来具体承担职业培训工作，他们与当地的企业有密切的联系与合作。

然而，在韩国和中国台湾地区，在工业化发展初期，职业教育一直作为长期经济发展计划的核心组成部分，这也导致其大力投资发展职业教育，试图满足未来经济发展对劳动者技能的需求。然而，尽管韩国和中国台湾地区大力推行职业教育，但家长、教师和学生仍然将职业教育作为次优选择，甚至是考试失利后的无奈选择。

中国在 1978 年之后便大力推进职业教育的发展，政策制定者认为职

业教育相对于普通教育，能够让劳动者直接掌握工作技能，迅速实现就业，因此职业教育也成为提高教育投资收益率的重要途径。政府通过行政手段扩大职业教育的招生比例，职业教育经历了快速发展（Yang，1996）。中等职业教育与普通高中的招生人数比例在 1980 年的时候为 19：81，到 1995 年已经为 57：43，到 2013 年则为 45：55（霍益萍等，2015）。

第五节
中国经济转型背景下中等职业教育的发展困境

一、供给：中等职业教育自身的不足

（一）招生困难

部分地区政府过度干预，强行推行职普招生相当，甚至让中等职业教育超过普通高中。晏成步（2017）认为随着经济结构的转型，教育与劳动力市场的关系会更加密切，高中阶段教育需要在市场需求与政府调节下发展。但是在推进高中阶段教育结构协调发展过程中，政府强势推行职普相当，甚至要求普通高中与中等职业教育的招生比例为 3：7，在缺乏劳动力市场需求和技能回报率评估的情况下，政府的强势干预可能干扰了高中阶段教育正常的结构安排。尽管政府通过行政指令扩大中职招生规模，但是在东部地区，招生规模不断下滑，韩凤芹（2016）发现在中国东部地区，招生下滑严重，2010～2013 年期间招生比例下滑超过40％，甚至超过学龄阶段人口的变动幅度。

在民众投资中等职业教育缺乏热情的情况下，由于政府实施刚性指标，坚决将职普比例控制在 1：1 的水平，导致部分财政资金浪费在争取生源上。刘明兴等（2014）发现部分财政补助资金被用于基层职业院校

抢夺生源上，并没有把资金用于学校质量改善和建设上。目前，除了一些热门专业、品牌化经营的中等职业学校不缺生源以外，大多数的职业院校都面临生源不足，所在辖区学龄人口投资职业教育意愿不强的问题。一刀切式的招生标准，以及用招生完成状况和毕业生就业率过于简单化的考核、监评体系，掩盖了招生困难背后深层的制度问题（王静静，2014）。通过新闻报道或者研究文献发现，国内很多中等职业学校为国家补贴和培养经费而招生，只要招到学生就有收入，国家财政给中等职业教育大量的倾斜，但却没有得到预期的人才数量和质量，造成了严重的教育财政资源的浪费（杜小玲，2016）。中国发展研究基金会研究人员调研了 12 个省、直辖市的 41 个市县，98 所中职学校，学生 4850 人，教师 832 人，家长 386 人，走访企业 19 家、从业人员 205 人，发现很多地方为了争夺初中毕业生源，使用非正常手段招生，如虚假宣传、承诺，很多市县为了维持职教中心的运转，实行地方保护主义，强行将学生注册中等职业学籍，并且给每位中职教职工分配招生任务，为输送生源的初中教师、学生提供报酬、奖励，公办中等职业学校的招生成本为 200 ~ 1000 元不等，民办学校则需要翻一番。

（二）虚假学额

由于中等职业教育财政支持、补贴力度大，很多学校靠招生就可以盈利，因此，虚假学额问题严重。《中国青年报》报道，2011 年全国中等职业学校计划招生 820 万人，河北省的招生指标为 44.5 万人，而当年共有 70 万初中毕业生，其中有 45 万人选择普通高中，剩下的初中毕业生全部就读中职，也还差 20 万人才能完成行政招生指令。基层学校面对招生任务，被迫虚报数字，造成中职在校生数量"虚胖"。一些地方民办中职院校只要能拉进"人头"，注册到学籍，国家助学金补助就可以拨付到位（杨乐乐，2016）。计划经济思维、行政主导的办学模式导致中等职业教育乱象丛生，"普职相当"的行政指令，一方面带来了中等职业教育规模的大发展，但另一方面也最终使中等职业教育陷入弄虚作假的恶性循环。

教育部门应该正视民众真实的教育诉求，反思当下高中阶段教育的结构设置。邢翌宇等（2012）认为我国将普及高中阶段教育定位在扩大中等职业教育规模上，并通过计划性调控职普招生比例和财政补贴，扩大中等职业学校招生、在校生规模。然而学生和家长"用脚投票"，他们不愿意就读中等职业院校甚至辍学，这些反对行为都反映了当下制度设计忽视了个体的人力资本投资诉求。而基层教育部门、学校面对招生计划，也不得不采取数字造假的方式达到上级考核要求。随着全国各地中等职业教育招生造假问题愈演愈烈，2016年教育部专项整治中等职业学校双重学籍、虚假学籍问题，要求各地加强学籍管理，挤压在校生规模的省份，尤其是要着力核查问题学籍、双重学籍、大龄人群、在籍不在校，以及虚假信息注册在校生学籍（教育部，2016）。

（三）质量低下

中等职业教育矮化为无门槛的"过渡制"教育。目前，中等职业学校生源主要来自中考失利者、学习困难群体、家庭经济困难学生及失业农民工，大量的教育投入用于招生宣传，而用于改善教育质量的资金却有限，因此办学模式更加接近欧洲社会救济式的过渡制教育，这种职业教育在欧洲职业教育体系中只占据较小比重（李俊，2016）。韩凤芹（2016）发现由于"一刀切"的免学费和补贴政策，导致"养烂校"，部分运行较差且濒临倒闭的中等职业学校在全额补助下得以继续维持生存。

中等职业教育也演化为就业培训和劳务中介。最近几年，虽然国家增加了对中等职业教育的政策和经费支持，但"工学结合""订单式培养"和所谓的"职业教育集团"都存在机会主义的倾向，这些模式看似导致了中等职业教育的"大发展""大繁荣"，但诸多企业只是将实习生当作廉价劳动力，而地方政府也可以凭借辖区内的中职在校生人数作为招商引资的筹码（陆晔，2013）。大量中等职业学校在校生被安置到流水线上，从事着与本专业没有关系的体力劳动，被学校冠以"顶岗实习""半工半读"的名义被安排到流水线生产企业，学校从中赚取劳务中介费和学生实习工资提成（潘毅等，2012）。

（四）流失率高

国家财政承担中职教育的学费，但在校生辍学频发。王静静（2014）研究发现，2010~2012年，全国中等职业学校2010级学生大约流失了88万人，流失率为13.83%。2012年，北京大学中国教育与财政科学研究所发布《应放缓全面实施中等职业教育》报告，该报告认为中等职业学校办学行为与办学质量较差，这可能降低助学金、部分学生免学费的政策效果，课题组研究人员发现中职学生流失问题严重，且流失率不断攀升，政府对中等职业学校的运转缺乏监管，根据"2005~2010年全国及部分区域中等职业教育招生和毕业情况"计算了中等职业学校三年的学生流失率，发现中职流失率不断增加，尤其是西部地区的流失率从2005年的13.3%增加至2007年的28%（北京大学中国教育与财政科学研究所，2012）。

（五）虚假就业

目前，中国的中等职业教育的办学思路类似过渡制教育，由于社会认可度和吸引力较低，生源质量较差，像是"成年人的托儿所"，难以提供与市场发展相适应的职业培训（Shi et al.，2015）。在沿海发达城市，随着公众受教育年限的普遍提高，企业对聘用人才起点提高，导致社会和家长热衷于普高热、大学热，认为职业学校是初中失败生的"收容所"，导致中职生源质量严重下降，企业也因此"另眼相待"。中国发展研究基金会（2016）研究发现中等职业学校的技能培训存在很多问题，一些学校没有教学和实习方案，将学生当作廉价劳动力，也将自己当成劳务中介，组织学生去劳动密集型加工制造业实习，劳动强度大，工资待遇低，而且工作内容与所学专业无关，有31%的学生认为学校组织的实习与专业不对口，42%的学生对实习企业不满意。

在招生宣传和考核评估时，中等职业学校通常拿较高的就业率来证明自身的有效性和合理性，但盲目乐观的就业率背后是就业的"陷阱"（陆晔，2013）。首先，大量中职毕业生只能在劳动密集型企业工作，与国家推动产业升级、技能型人才培养的"想象"不一致，毕业生通常被安置到以下两种岗位：一是自动化程度高、劳动强度大的流水线作业；二是重复操作、收入较低的工作。虚高的就业率和硬性招生指标导致学校无心、无力培养学生真正的技能，与初中、小学毕业生相比，中职毕业生的就业质量和层次没有实质性提高，学校成了低技能、无技能人才生产的流水线。其次，在欠发达地区，学生在当地中等职业技术学校入学，毕业后无法在当地找到工作，毕业即失业，只能到沿海等经济发达地区充当与小学、初中毕业生无异的廉价劳动力，当地技术型企业较少，基本没有校企合作的可能性，落后地区也没有动力提升职业教育的质量（陈乐乐，2016）。

二、需求：经济结构与社会不平等

中国城乡之间青少年的教育和就业机会存在较大差异（Chan et al.，2011），农村适龄人口由于上大学的机会有限，中等职业学校成为他们获得高中学历最可行的途径，然而我国劳动力的人力资本结构在一定程度上受限于产业结构，可供毕业生选择的职业只有那些低技术、低收入的劳动密集型的简单加工制造业。

改革开放40多年，中国成为世界工厂、成为制造业大国（Guthrie，2009），但是中国的经济增长主要来自大量廉价劳动力和外贸需求，这也塑造了中国的劳动力市场人力资本需求结构（Hung，2009）。随着普及九年义务教育和高中阶段教育，年轻劳动力的学历水平不断提高，但经济的快速增长并没有给这些年轻高素质劳动力提供足够的高技能就业岗位，反而是不断增加对廉价、低技能、适合在流水线重复工作的劳动力的需求。高校扩招后，大专毕业生具备更高水平的技能，基本承担了那些有技术含量的工作岗位，大量劳动密集型加工制造业留给了中等职业学校毕业生，劳动力市场中的人力资本结构、产业结构并没有给中职毕业生向上流动的机会，当大多数的工作都是没有前途且收入低的时候，中职毕业生的回报弥补不了教育投资，那些面临高中阶段教育结构选择的个人、家庭也更不愿意投资中等职业教育。

在目前产业结构调整和快速发展的时期，大力推行中等职业教育，有可能是把不平等的教育素质和机会合理化（Ball，2003）。从民众现实的选择来看，大多数职业学校的学生也希望通过就读普通高中进入大学。大多数中等职业学校在校生认为选择职业教育不是自己的"选择"，或者认为自己是同龄人的失败者（顾静华，2016）。然而在上大学的机会不断增加的现实背景下，在出口导向型的经济结构中，依靠大量廉价和非技术劳动力来维持经济增长，无论经济增长的速度如何，提升劳动者技能和种类的空间并不多，因为在现实的劳动力市场中留给他们的工作主要是廉价和低技术含量的（Brown et al.，2012）。

第六节
总　结

对任何一个经济体，民众的受教育年限、学历水平并不是越高越好，在现有经济结构、产业类型条件下，寻找到边际贡献率最高的教育类型是非常重要的。通过回顾中国改革开放以来经济建设的不同阶段，以及在不同阶段教育政策和人力资本的积累，我们发现滞后的国民教育发展对经济发展和社会的技能需求造成不利影响，但过度教育也会降低个体人力资本投资的积极性，造成教育资源的浪费。

根据技能和培训理论，发展普通高中阶段教育为主，配套增加职业技能培训课程的教育结构更有利于短期内劳动力市场对技能人才的需求，也有利于提高劳动者在经济结构转型和就业保护政策取消过程中的抗风险能力及职业转换能力。信息化技术更加有效地实现服务需求与劳动力供给之间的匹配，技术升级加速，特殊技能培训的折旧率越来越高，一般化培训和普通教育的边际贡献率越来越高，这也启发我国在接下来的高中阶段教育在结构设计上应多偏向普通高中教育的提升。

通过比较不同国家的学者对高中阶段教育收益率的评估，职业教育相对于普通教育并不存在显著的比较优势。即使中国学者的研究通过匹配或两阶段模型等技术手段控制样本选择偏差，但大多数研究并没有厘清不同阶段中等职业教育的政策、生源、就业选择方面的差异，因此，不同研究结论的差异很有可能是由于样本群体本身的异质性所导致的。

通过比较不同国家或地区高中阶段教育的办学经验，我们发现中等职业教育的制度设计和执行效果与所在国家或地区的经济发展阶段、产业结构类型密切相关。在技术先进且经济结构演变比较缓慢的经济体，发展中等职业教育有利于提高劳动者的生产率。然而在发展中国家或地区，经济结构比较落后，接受中等职业技术教育的劳动者可选择的职业有限，且主要集中在低技术劳动密集型企业，而且上升的经济增长态势导致大学教育的入学机会增加，民众对中等职业教育的投资意愿并不强烈。

笔者汇总了关于中国经济转型背景下的中等职业教育发展困境的研究，从供给和需求两方面，发现中等职业教育在国家强势计划干预下畸形"虚胖"，而当下不断转型的产业结构并没有为中职毕业生提供适合其技能的就业岗位。低质量的中等职业教育供给与低水平的产业结构，两者都没有为中等职业教育的劳动者带来向上流动的发展机会，导致他们的劳动力市场表现与非技能劳动力无差异，最终导致中等职业教育陷入发展困境。

中等职业教育发展历程

目前，高中阶段教育是具有准公共物品性质的非义务教育，分为普通高中教育和中等职业教育。其中，中等职业教育又分为中等专业教育（中专）、中等职业技术教育（技校）和职业高中（职高），以上不同类型的教育具有一定的竞争性和排他性，同时也有较大的正外部性，属于准公共物品。现阶段，高中阶段教育为非义务教育，由政府和市场提供，入学具有非强制性。教育费用由财政和接受教育的个体共同承担，具有非免费性。另外，高中阶段教育分为基础教育和职业教育两种类型，前者以综合能力素质提高和升学为导向，而后者则以就业为导向，因此，国家在发展高中阶段教育时，需要根据社会经济发展的现实需求，通过调整财政经费的投入力度和结构来调节高中阶段教育结构。

相对于普通高中，改革开放以后较长一段时间内，国家更偏好于发展职业教育，因此，职业教育在招生就业、学生资助、财政性教育经费投入等方面要比普通高中得到更多政策支持。"文革"期间，教育秩序混乱，普通中等教育盲目扩招，压缩了初等教育和职业教育的规模，职业教育的师资和其他硬件设施遭受严重破坏，处于停办状态。因此，"文革"结束后，中等教育结构单一化，职业教育发展不足，这种现状与国家经济恢复建设对应用型人才的需求形成明显反差，因此，改革开放以后，"大力发展中等职业教育"一直是高中阶段教育的核心话题。

　　在不同发展阶段，中等职业教育人才培养定位也在不断变化。改革开放之初，计划经济体制下经济建设缺乏专业技能人才，国家大力发展中等职业教育，并负责毕业生的就业分配，并且毕业生一般都是被安置到国有企业或事业单位的专业技术岗位或管理岗位，就业出路好、社会认可度高。但是随着我国由计划经济体制向市场经济体制转型，劳动力市场逐步建立，并通过供求和价格机制将人力资本配置到需求度最高的岗位上。同时，市场上民营或外资企业对技术性人才的需求不断增加，而国有企业在"减员增效"的改革中就业吸纳能力大幅下降。因此，政府就业包分配已经越来越形式化，而且无法满足市场发展的需求，中等职业教育也转为"自主择业，双向选择"的市场化就业。随着高等教育扩招，大专等高等职业技术教育的招生规模和比例也开始增加，并旨在培养高水平技能型人才，在很大程度上替代了原来中等职业教育的人才培养定位；随着民众接受高等教育意愿的增强及中等职业教育升学渠道缺乏等原因，该教育类型逐渐演变成"过渡性"教育，成为吸纳中考成绩失利者、失业者或进城务工人员的救济性职业培训。因此，如果要研究中等职业教育的有效性，研究者需要分阶段进行讨论，因为以职业教育就业市场化改革为分割点，前后两阶段存在质的区别。

　　中等职业教育是以就业为导向的教育类型，这决定了它的招生、就业及课程设置与普通教育存在差别，因此，招生就业制度是中等职业教育的核心制度安排。招生与就业作为个体接受职业教育的起点和终点，两者通常均受经济发展水平及劳动力市场灵活性的影响。自中华人民共和国成立以来，中等职业教育的招生就业制度随着社会经济体制的变迁也在发生变化，从最开始行政指令制订招生计划、政府负责毕业生的工作分配，演化成学校自主制订招生计划、毕业生自主择业。但上述变化是一个渐进的过程，基本可以分成三个阶段：统招统配、双轨制、市场导向。本章梳理了中等职业教育及其包含的不同教育类型在这三个阶段上各自的就业安置及生源变化，为后面章节制定识别策略奠定了基础。

本章分析了中等职业教育总体及其不同教育类型的发展历程，尽管中等专业学校、技工学校和职业高中的办学定位存在差异，但是作为中等职业教育的构成部分，它们的发展趋势基本与中等职业教育总体一致。本章共分为五部分，其中：第一部分介绍了中等职业教育的发展历程，从中华人民共和国成立初期的建设，到"文革"时的混乱，到改革开放后的繁荣，再到市场经济建设时期的衰落；第二部分为中等专业学校的发展过程；第三部分为技工学校的发展历程；第四部分为职业高中的发展历程，其中既包括了农业中学，也包括了城市职业高中的兴起与衰落；第五部分梳理了中等职业及其所包含的不同教育类型就业制度改革的历程，并且进一步梳理了全国及各省的相关政策文本，并将研究重点集中在 20 世纪 90 年代期间各省份陆续实施的中专毕业生就业取消分配的改革，这也是后文采用的自然实验冲击事件；第六部分为总结，基于上述不同教育类型的演变趋势，分析了变化的原因，以及这种变化对我们未来普及高中阶段教育的影响。

第一节
中职院校整体发展脉络

一、新中国成立初期的制度建设

1949 年中华人民共和国成立之后，为了尽快恢复国民经济，职业教育工作的主要任务就是尽快解决技术人才的供求矛盾，在短时间内培养适合经济建设的技术型人才。1949 年 12 月，教育部召开第一次全国教育工作会议提出接管原有的职业技术学校，并逐步进行调整和改造，通过专业院校培养、短期培训、业余培训、冬季整训等多种方法培养干部和技术人员，并通过技工学校、艺徒学校、技术夜校、师徒合同、冬学夜校等方式加紧提高工农文化水平，满足恢复经济建设的人才需求。1951年国家公布的《关于改革学制的决定》中规定，"技术学校，修业年限为二年到四年，招收初级中学毕业生或具有同等学力者"。1952年，国家开始逐步建立职业教育体系，在《关于整顿和发展中等技术教育的指示》中指出，现阶段除整顿和发展正规的技术教育外，还要举办各种速成性质的技术训练班和业余性质的技术补习班或培训班。

1953年，随着国民经济基本恢复，国家在社会主义改造期间进行制度建设。1953年，政务院《关于中等专业学校毕业生分配工作的指示》中规定，中专毕业生原则上由所属领导部门负责分配工作。1954年，政务院发布《关于改进中等专业教育的决定》，提出在高等教育部统一领导下，各类中等专业学校均归中央有关业务部门主管，原则上实行集中统一的直接领导。1954～1966年，国家相关部门又对中等职业教育的课程设置、教学管理等方面设立规定，例如，1965年，教育部召开全国农村半农半读教育会议，在办好全日制学校的同时，实行半工（农）半读的教育制度，推行全日制和耕读小学"两条腿走路"，普及小学教育，扩大试办农业中学，积极试办半农半读中等技术学校。

中华人民共和国成立之初，国家迅速建立了基本的职业教育体系，重新培训新中国成立前遗留的劳动力，也培训了大量新生技能型劳动力，在较短时间内为国家经济恢复和建设提供了大量具备一定技能与素质的劳动力。但其发展也经历了很多波折，尤其是在1958年"大跃进"时期，职业教育学校盲目扩建，"冒进"发展，造成了教育资源的巨大浪费。1961年以后，国家开始对国民经济进行整顿和调整，之后，职业教育才恢复到正常发展轨道。

二、改革开放后调整与发展

改革开放后，国家理顺了教育管理体制，恢复大中专院校统一招生考试，加强重点学校建设，重建教师队伍，并大力发展农业、职业中学。1978年11月11日，教育部转发了国务院批准的《关于改变部分中等专业学校领导体制的报告》，国务院各部委陆续从地方收回了一些中等专业学校。1980年4月，教育部召开全国中等专业教育会议，提出新时期中等专业教育的任务是多办、办好中等专业学校，培养德智体全面发展，又红又专的中等专业人才。

20世纪80年代初，国家全面开启了经济体制的改革，经济体制由计划经济转向有计划的商品经济，社会发展增加了对技能型人才的需求，这一时期，职业教育办学主体多样化，学生就业出路较好，社会认可度较高，职业教育在这一时期经历了快速的发展。1980年，中共中央在全国劳动就业会议中指出要"逐步建立职业教育网"；同年，在国务院批转《教育部、国家劳动总局关于中等教育结构改革的报告》中指出："中等教育结构改革，主要是改革高中阶段的教育，要使高中阶段的教育适应社会主义现代化建设的需要，应当实行普通教育与职业、技术教育并存，全日制学校与半工半读学校、业余学校并存，国家办学与业务部门、厂矿企业、人民公社办学并举的方针，县以下教育事业应当主要面向农村，为农村和各项建设事业服务。在城乡要提倡各行各业广泛办职业（技术）学校。可适当将一部分普通高中改为职业（技术）学校、职业中学、农业中学。"各地大规模调整学校布局，压缩普通高中，大力发展中等职业教育，在这一过程中，由于乡村高中教学质量较差，大学升学率较低，所以成为调整的主要对象。经过调整改革，各类职业（技术）学校的在校生人数不断增加。1985年，中共中央《关于教育体制改革的决定》指出，实行"先培训后就业"的制度，中等职业技术教育要同经济和社会发展的需要密切结合起来，在城市要适应提高企业的技术、管理水平和发展第三产业的需要，在农村要适应调整产业结构和农民劳动致富的需要。

三、转轨与市场化改革

20 世纪 80 年代后期直到 90 年代末，国家从有计划的商品经济向市场经济转变，人力资源的供给和需求也开始逐渐由行政机制向市场机制来进行配置，中等职业教育的招生和就业方式也开始逐步进行转型调整。

随着有计划的商品经济的发展，不同所有制企业的发展过程中对专业技能人才的需求也在不断增加，因此，中等职业教育在招生制度方面也进行相应地调整。1986 年，国家教委发布《普通中等专业学校招生暂行规定》，该文件改变了以往国家任务招生的模式，将招生来源划分为国家任务、委托培养、自费生三类，其中"国家任务"属于计划内招生，企业委托培养和自费生属于国家计划外招生，也称为"调节性计划"。1987 年，国务院办公厅转发《国家教育委员会等部门关于全国职业技术教育工作会议情况报告的通知》，文件指出要改革中等专业学校和技工学校毕业生的分配制度，逐步将包分配改为不包分配，由用人部门择优录用。这是关于取消就业包分配的第一份明文规定的政策，但是由于各省经济发展状况存在差异，一直到 20 世纪 90 年代以后这一政策才开始在全国范围内推广和落实。1994 年，教育部颁发《关于普通中等专业学校招生与就业制度改革的意见》，进一步调整中等职业教育的招生和办学模式以适应社会主义市场经济体制的转型。1996 年，国家教委、国家计委和财政部下发的《中等职业学校收费管理暂行办法》指出，中等职业教育属于非义务教育阶段，学校依据国家有关规定向学生收取学费。1997 年，《关于普通中等专业学校招生并轨改革的意见》进一步明确了毕业生就业实行市场化的改革方向，并且制定了取消就业包分配和收取学费的具体时间表，到 2001 年，全国各省均要完成招生并轨改革。

取消包分配改革和高校扩招致使中等职业教育发展一落千丈。1999

年，我国高等教育开始大规模扩招，增强了民众上大学的预期，普通高中快速发展，"上大学"成为大多数家庭追求的人力资本投资方式。而中等职业教育却进入发展的"寒冬期"，由于20世纪90年代末国有企业启动"减员增效"的改革，很多国有企业、事业单位本身就是中等职业教育学校的举办单位，改革期间，企事业单位效益低下，逐渐减少对职业学校的投资，吸纳就业的能力也不断下降，因此，中等职业学校办学的质量和社会吸引力短时间内出现下滑，导致生源大幅度下降，办学困难。

四、质量下滑与国家强力支持

进入21世纪后，在接受高等教育机会增加的背景下，初中优秀生源倾向于选择普通高中，职业教育主要接收中考失利者，教育质量较低，且成为廉价劳动力的重要输出来源，其办学定位和实际效果偏差越来越大，社会认可度也不断降低，中等职业教育不断走向衰落。随着中国加入世贸组织，外向型加工制造业快速发展，东南沿海地区加工制造业的订单化生产导致用工存在明显的淡季和旺季，每个订单任务完成到下一个订单之间可能有一段时间间隔，导致工人流失率较高，企业招工难度增加，于是中等职业学校在校生成为外向型加工制造企业应对弹性用工的重要手段。从2002~2005年，国务院连续召开三次职教会议，正式提出"积极推动职业教育从计划培训向市场驱动转变，从政府直接管理向宏观引导转变，从传统的升学导向向就业导向转变，实行工学结合、校企合作、顶岗实习的人才培养模式"，至此，职业教育的发展很大程度上是为了满足当时流水线加工制造业的用工需求，而并非有意在培养中高级技能型人才。中等职业学校也逐渐承担劳务中介的职能，将学生送到东南沿海省份的加工制造业，通过学生实习工资和企业支付的介绍费获取利润，职业教育本身也矮化为劳务输出的"抓手"。

尽管中等职业教育走向衰落，社会认可度也在不断下降，但是政策制定者基于发展职业教育有利于促进产业升级转型的想象，要求职业教育与普通高中在招生和在校生数量上保持规模相当的比例。为了扩大职业教育招生规模，国家逐步制订了支持力度较大的资助计划，尽管使招生规模实现了差强人意的"普职相当"，但也引发了一系列资金使用的道德风险和教育经费浪费。2006年，教育部制定《关于完善中等职业教育贫困家庭学生资助体系的若干意见》，资助接受中等职业教育的农村贫困家庭和城镇低收入家庭子女。2007年，国家给中等职业教育的资助经费约为180亿元，并且在以后的年份，不断扩大中等职业教育免费的覆盖范围。到2010年，教育部下发的《关于实施国家中等职业教育改革发展师范学校建设计划的意见》指出，从2010年到2013年，中央投入100亿元，分三批在全国建立1000所国家级中等职业教育改革创新示范校。尽管国家对中等职业教育投入大量财政资源，但由于缺少对资金使用的监管，以及资助体系存在"平均主义"，导致部分财政资源用于招生宣传和完成招生任务，虚假招生、虚假学额和骗取财政补贴的现象时有发生。

第二节 中等专业学校

一、新中国成立之初的整顿与建设

1949～1957年，随着新中国的成立，国民经济建设迫切需要技术人才和管理干部，这一时期一方面接管公立学校，对职业学校进行整顿和改造；另一方面是学习苏联经验，制定基本教育制度。1951年，第一次中等技术教育会议上发布的《积极整顿和发展中等技术教育》报告指出："全国中等技术教育以调整、整顿为主，有条件发展的方针。"之后，各地教育部门统一管理的中等技术学校，按照学校开设的专业科目划转到同级的政府业务部门，实行部门管理。1951 年的《关于改革学制的决定》将中等专业学校的种类划分为中等技术学校、中等师范学校和中等医药和其他学校。1953 年，中国开始实施国民经济发展第一个五年计划，大规模经济建设增加了对专业人才的需求，教育界开始出现了全面学习苏联教育的风潮。1954 年，《关于改革中等专业教育的决定》规定："进一步明确领导关系，加强领导，努力学习苏联先进经验，积极改进教学，以提高教学质量。"1956 年，全国中等专业教育工作会议提出进一步加快中等专业教育，同时积极发展业余中等专业教育，实行"谁用干部谁办学校"的原则，按照中央事业和地方事业的划分，分别由中央业务部门或省、市人民委员会直接领导。到 1957 年，全国中等技术学校又经历了一次全面系统的整顿，停办了一批条件差、办学质量差的职业学校，把原来多所综合性的职业学校改为单科性技术学校①。

二、从"冒进"发展到调整提高

1958 年，中国大搞经济建设"大跃进"，中等专业学校的发展也呈现"大跃进"的特征，学校数量和学生规模超常态增长。1958 年 8 月，中共中央发布《关于教育事业管理权下放问题的意见》，多主体办学的局面开始形成，中央各部门、地方产业部门和教育部门、厂矿企事业单位，其中厂矿企业单位举办，企业自行投资，地方有关部门单位联合集资办学发展最为迅速。1957 年，全国中等技术学校数量为 728 所，在校生规模为 48.22 万人；到 1960 年，学校数量增加至 4261 所，在校生增加到137.74 万人②。由于经济刚得到恢复和发展，社会工业和服务业体系还比较薄弱，而新增学生和教师大部分来自农村，导致农村劳动力减少，农

---

① 中央教育科学研究所：《中华人民共和国教育大事记：1949 – 1982》，教育科学出版社 1983 年版。

② 曹晔：《当代中国中等职业教育》，南开大学出版社 2016 年版。

业生产压力增加，城镇职工规模的扩大导致商品粮供应紧张，在缺少财政性教育经费投入的情况下职业教育的超规模、超常态发展，导致教育质量普遍下降。

1961～1965 年，"三年困难时期"过后国家开始对社会经济发展执行"调整、巩固、充实、提高"，教育部门对中等专业学校过分追求规模且脱离实际需求的状况作出调整，提升办学质量。1961 年 7 月，教育部召开第一次全国高等学校及中等学校调整工作会议，采取毕业多少招多少的方针，减少城镇学校的在校生，尤其是初等技术学校和师范学校，对压缩学校的一年级学生，农村户籍的回农村，城市户籍的可以分配到厂矿，二年级在校生通过分配或转学方式遣散在校生。1962 年，全国教育工作会议进一步要求精简学校教职工，从教育部门动员人力去参加农业生产，减少城市人口，并且裁撤 1958 年以后成立的、办学条件差且布局不合理的中等职业学校。中等专业学校的数量和在校生规模出现大幅度下降，到 1963 年，中等技术学校数量由 1960 年的 4261 所裁撤到 865 所，在校生规模从 137.74 万人压缩到 32.07 万人①。但是，1964 年国民经济调整任务完成，国民经济好转，当时城市大量初中毕业生缺乏升学渠道且无职业培训，城市和农村的发展都开始缺乏技术型人才。1964 年，教育部发布《中小学教育和职业教育七年（1964－1970）规划要点》，要求在城市举办各类职业学校，随之职业技术教育再次得到发展，当年全国中等技术学校数量发展到 1125 所，在校生规模增加至 39.73 万人②。

三、"文革"期间从重创到恢复

1966～1976 年，"文革"初期，教育体系遭受重创，中等专业学校出

---

① 曹晔：《当代中国中等职业教育》，南开大学出版社 2016 年版。
② 国家统计局国民经济综合统计司：《新中国六十年统计资料汇编》，中国统计出版社 2010 年版。

现全面倒退的迹象，校舍被占，教学设备被破坏，学校数量和在校生规模大幅度减少，1970年以后又稍有发展。1969年，全国仅剩685所中等技术学校，在校生只有2.32万人。1969年，《人民日报》发表社论《搞好中等技术学校的教育革命》指出，"中等技术学校的办学现状是有的已经改为工厂；有的办成工厂，也承担教学任务；有的准备继续办下去；有的干脆下马不办了""学制要缩短，教育要革命""要从有实践经验的工人农民中间选拔学生"。

1970年，国务院成立教科组作为临时性工作机构，恢复了对教育事业的行政领导，职业技术教育发展有所恢复。1971年，全国教育工作会议开始逐步恢复发展中等专业教育。1971年学校总数比1970年增加了270所，在校生人数增加了3倍，达到9.8万人。到"文革"结束时，全国中等专业学校有所改善，学校数量由1969年的685所增加到1976年的1461所，在校生人数由1969年的2.32万人增加到1976年的38.55万人[1]。

四、"文革"后的整顿与繁荣

1977年，中共十一大宣告"文革"结束，当时全国中等技术学校数量为1457所，在校学生规模为39.13万人。针对工作重心转移到经济建设上，国家召开多次会议，出台一系列关于调整、改革与促进中等专业教育发展的政策，以适应经济社会快速发展对技术人才的大规模需求。1979年五届人大二次会议的政府工作报告指出："中等教育要有计划地多几班各种门类的中等职业教育，这是社会主义建设的多方面的迫切需要，同时也有利于解决大量中学毕业生的就业问题。"1980年，第四次全国中等专业教育工作会议的会议纪要提出："新时期中专教育的任务就是多办

---

[1] 中央教育科学研究所：《中华人民共和国教育大事记：1949－1982》，教育科学出版社1983年版。

和办好中等专业学校。"同年，中共中央批转全国劳动就业会议文件的通知中指出："要有步骤地改革现行教育制度，要改革中等教育单一化的情形，改善职业教育与经济社会严重脱节的情况。"并提出要重视职业教育作为教育体系的重要组成部分，逐步建立起职业教育网。1983年《关于改革城市中等教育结构、发展职业技术教育的意见》提出通过改革和办好中等专业学校和技工学校发展职业技术教育。中等技术学校数量从1977年的1457所增加到1985年的2529所，在校生人数由1977年的39.13万人增加至101.29万人，增加了近3倍。

1985～1990年，中等技术教育经历了快速的发展。1985年《中共中央关于教育体制改革的决定》提出，"调整中等教育结构，大力发展职业技术教育，发展职业技术教育要以中等职业技术教育为重点，发挥中等专业学校的骨干作用"。在此之后，中等专业教育快速发展，这一时期，国家出台相关文件对中等专业学校的办学目标、招生数量、人才培养模式做出明确规定。1986年，《国民经济与社会发展第七个五年计划》指出："职业技术教育已经成为现代教育制度的一个重要组成部分。'七五'期间，必须按照'先培训、后就业'的原则改革劳动就业制度，大力发展职业教育，使多数地区各类高中阶段职业技术学校的招生人数相当于普通高中的招生人数，同时发展初中阶段职业技术教育和短期培训。"1986年召开的全国第一次职业教育会议，制定了关于师资、中专学校设置暂行办法、经费、经济部门和教育部门加强合作等文件，为中等专业教育快速发展提供了制度保障。1990年，国家教委、国家计委颁发《普通高等学校、中等专业学校招生计划管理暂行办法》规定："制定的招生计划，必须具有相应的教学、生活条件保障，包括教育经费、基本建设投资、师资力量、教学生活及用房、教学仪器设备等，以确保教育质量。"这一时期，中等专业学校的办学质量也不断提高。从1986～1990年，中等专业学校数量、在校生规模和毕业生规模不断平稳发展，到1991年，中等专业学校达到3925所，在校生人数达到227.7万人。

五、市场化改革与教育发展转型

进入 20 世纪 90 年代以后，国家开始向市场经济体制转型，中等职业教育也开始面向市场办学，发展面向市场的职业教育。1991 年，《关于大力发展职业技术教育的决定》指出"要制定相应政策稳定中专，支持它们深化发展，办出特色，提高质量，积极发挥中等专业学校在同类职业技术教育中的骨干作用"。1993 年，国务院发布《中国教育改革和发展纲要》，指出"高中阶段职业技术学校在校学生人数有较大幅度的增加，不仅教育的规模要有大发展，而且要把教育质量和办学效益提高到一个新的水平"。1996 年，《中华人民共和国职业教育法》出台，法律对中等专业学校的建设、办学主体等各方面做了制度性规定。这一时期中等专业教育取得快速发展，其规模、数量和质量都在稳步提高，到 1998 年，中等专业学校数量达到 4109 所，在校生人数达到 498.1 万人。

20 世纪 90 年代末期，随着国家机构和人事制度改革，中等专业培养人才的定位开始从干部身份转变为技术性生产人员，从国家层面到不同级别地方政府启动了取消中专毕业生就业包分配的改革，中等专业教育的发展面临新的挑战。1999 年，高校开始扩招，随后普通高中快速发展，从 1999~2002 年，中等职业教育招生人数出现了下降，中等专业学校陷入困境。1999 年，教育部印发的《关于调整中等专业职业学校布局结构的意见》指出"随着我国经济体制由计划经济转变为社会主义市场经济，原有的学校布局结构已经不能继续适应经济建设，经济体制改革及教育体制改革的需要，严重制约着我国中等职业教育的进一步发展，因此，改革中等职业学校布局结构势在必行"。但是中等职业学校布局改革也出现了异化，各地为了达到高等教育大众化的目标，将一部分中等专业学校升格为大专或者并入普通高等院校，导致中等职业教育资源在短时间内快速流失。2000 年《关于中等专业学校管理体制调整工作中防止中等职业教育资源流失问题的意见》指出："中等专业学校是中等职业教育的重要组成部分，是培养中初级专门人才和高素质劳动者的重要基地。各级教育行政部门应在各级地方政府的领导支持下，统筹规划各类教育资源，在积极发展高等教育的同时，也要积极发展中等职业教育，防止中等职业教育资源流失，已经改为高等职业学校的，仍可以继续举办中等职业教育。"

六、国家的支持与发展的衰落

进入 21 世纪，国家加大了对中等技术教育的支持力度，并且建立完善了奖助学金资助体系。2001 年《关于做好 2001 年中等职业学校招生工作的通知》提出："要积极推动中等职业学校改革办学模式和教学管理制度，实行学历教育和非学历教育并举。"2002 年，《关于大力推进职业教育改革与发展的决定》中指出"职业学校要适应经济结构调整、技术进步和劳动力市场变化，及时调整专业设置，积极面向新兴产业和现代化服务业的专业，增强专业适应性，努力办出特色，加强实践教学，提高受教育者的职业能力，加强职业教育信息化建设，为职业学校和学生提供优质教育资源"。2004 年，教育部等七部门联合下发《关于加强职业教育工作的若干意见》中指出："要促进职业教育改革不断深入，加大结构调整工作力度，进一步扩大中等职业教育招生规模，使中等职业教育与普通高中教育的比例保持大体相当，在有条件的地方职业教育所占比例应该更高一些""中等职业学校不再升格为高等职业院校或者并入高校"。2005 年，教育部印发了《关于加快中等职业教育的意见》，国务院颁布了《关于大力发展职业教育的决定》，两份文件都强调中等职业教育的招生规模要与普通高中规模大体相当，加强市场办学，推行"工学结合""校企合作"的培养模式，促进东西部之间、城乡之间职业院校联合招生。2006 年，教育部发布的《关于大力发展民办中等职业教育的意见》加大对民办职业教育的支持力度；同年，国家开始建立贫困学生资助体系，教育部印发的《中等职业教育国家助学金管理暂行办法》规定，国家助学金资助全国中等职业学校的全日制在校学生中家庭经济困难的学生。2009 年，国家开始对中等职业学校农村家庭经济困难学生和涉农专业学生实行免费，也是从此时开始，国家不断加大对中等职业教育的补贴，"平均主义"的财政补贴导致"数字招生"现象频发，只要招到学生或学生注册学籍，职业学校便可得到国家的财政补贴。到 2010 年，全国中等专业学校 3938 所，在校生877.71 万人，在社会认可度低、招生困难的现实下，在校生规模达到中华人民共和国成立以来的顶峰。

进入 21 世纪，职业教育逐渐往救济性的"过渡制"教育发展，在国家不断加大投入的情况下，吸引力在不断下降。尽管大量研究文献和政策均认为"2002 年以后我国中等专业教育开始从低谷进入快速发展阶段"，但实际经验观察却与上述结论不一致，大量中等职业技术学校沦为职业中介，"普职相当"的招生指标导致地方招生数据造假现象频发，其社会认可度、招生吸引力以及毕业生劳动力市场表现不断下降，可以认为，中等专业教育此后还在走向衰落。

技工学校

一、新中国成立之初与国家经济建设步伐同步

1949～1957 年，随着国民经济发展和建立工业化体系的需要，技工学校体系建立并得到快速发展。新中国成立之初，社会经济百废待兴，

国家需要培养具有一定操作技能的熟练工人用来恢复国民经济建设，在东北地区的长春、大连、哈尔滨建立了第一批技工学校，全国其他城市也陆续建立。1953年开始，劳动部门直接负责全国技工学校的综合管理。1954年劳动部制定《技工学校管理办法》，1956年颁发《工人技术学校标准章程》，上述文件对技工学校的培养目标、学制、机构编制、领导管理、教学工作、办学条件及师资队伍等方面进行了制度化的规定。1955年，劳动部联合工业、交通、运输等部门召开了第一次全国工人技术学校校长会议，通过了《关于提高教学工作质量的决议》，明确了技工学校教学工作以生产实习为主的教学方针，区别于中专和普通学校偏重文化教育。

1956年之后，随着各地经济建设的需要，熟练工人出现供不应求的情况，部分地区的技工学校学制由两年压缩到一年半甚至一年。1956年，中共中央转发了劳动部《关于加强省市党委对技工学校领导的建议》的批示，文件指出："办好技工学校是满足国家工业建设对技术工人需要的一项非常重要的工作，各地技工学校目前的状况必须迅速加以改善。"1957年，全国反右斗争扩大化，许多学校教职工被划为右派，影响了技工学校的正常发展，导致有些技工学校停办，或者改为工厂。这一时期，技工学校发展符合国内经济建设的需要，培养了一批一线技术工人，缓解了熟练工人短缺的问题。

1958~1965年，随着全国"大跃进"到国民经济的调整整顿，技工学校的发展也经历了盲目"冒进"到整顿提高的转变。从1958年"大跃进"开始，工农业生产增加了对工人的需求，而技工学校的培养现状无法满足现实的需求，1958年全国技工学校工作会议指出："有些地区根据勤俭办学的方针，采取因陋就简、边建设、边生产、边教学、老校包建新校等办法开办技工学校。"但是"大跃进"期间，大炼钢铁、大办工业，城镇职工迅速增加，导致农业劳动力减少，粮食减产，工农业比例失调。1959年，中央发布《关于立即停止招收新职工和固定临时工的通知》，紧接着发布《关于制止农村劳动力流动的指示》《关于制止农村劳动力盲目外流的紧急通知》，在计划经济体制下，招生即招工，直接招工受到限制，转而进行间接招工，发展技工学校。1960 年底，全国技工学校数量为 2197 所，是 1958 年学校数量的 5.3 倍。"浮夸风"给国民经济发展带来严重冲击，1961 年，中共八届九中全会决定对国民经济实行"调整、巩固、充实、提高"的八字方针，并开始压缩技工学校规模，到 1962 年，技工学校仅保留了 155 所。经过三年的经济调整，国民经济好转，技工学校又有了一定的发展。1963 年，周恩来总理在《国民经济发展的方针和目标》中强调："不仅要培养高级技术人才，还要相应地培养中等技术人才和技术工人，为此，必须加强职业教育，对普通中等教育进行改革。"到 1965 年，全国技工学校增至 400所，在校生约为 18 万人①。

二、"文革"中的波折

1966~1976 年间，"文革"期间的技工学校经历了严重衰退到初步复苏。全国的技工学校经历了"停课闹革命"，到 1969 年大部分技工学校被撤销、停办或者改为工厂。20 世纪 70 年代初，一部分技工学校恢复招生；1973 年，国务院批转《国家计委、国务院教科文组关于中等专业学校、技工学校办学几个问题的意见》，提出对中等专业学校和技工学校要抓紧整顿、规划和布局，"技工学校招收相当于初中文化程度的经过 1~2年劳动锻炼的知识青年或应届初中毕业生，学制暂定为 2 年"。此后，原有技工学校逐步恢复，同时一些厂矿企业单位开始新办技工学校，但是这些新开办的学校质量较差，此阶段的技工学校仍然受到"文革"期间社会治理秩序混乱的影响。

---

① 国家统计局国民经济综合统计司：《新中国六十年统计资料汇编》，中国统计出版社2010 年版。

三、计划经济时期的繁荣与发展

从改革开放到1992年，随着全社会的工作重心转移到经济建设上来，并确立了教育要适应经济发展要求的基本思想，中国的技工学校经历了快速发展的时期。1978年，国家劳动总局召开全国技工培训会议研究了技术工人的培训工作，会议提出"要大力整顿、充实、提高现有技工学校，全面规划、有计划地发展技工学校""今后除工业部门需要进一步办好技工学校，加强培训工作外，农、林、牧、副、渔和商业、服务行业以及集体所有制企业为了适应现代化的需要，也要举办技工学校，加强培训工作"。这表明国家在恢复经济发展过程中，技工学校人才培养定位也开始发生变化：从为第二产业培养人才，转到开始重视第一和第三产业的技能型人才。到1980年，技工学校已经发展到3305所，学校数量是1977年2.48倍，在校生为70万人，是1977年的2.88倍。

此后，中等职业教育和技工教育都进入了快速、繁荣且高质量的发展阶段。1984年，劳动人事部印发《关于不得随意改变技工学校的性质的通知》，要求技工学校必须征得主管一级政府的批准才可以变更学校性质，保证了技工学校数量和质量的稳定性。1985年，《中共中央关于教育体制改革的决定》提出要转变长期以来轻视职业教育的观念，调整中等教育结构，大力发展职业教育，"要充分发掘现有中等专业学校和技工学校的潜力，扩大招生，并且有计划地将一批普通高中改为职业高中，或者增设职业班""使大多数地区的各类高中阶段教育的职业技术学校招生数相当于普通高中的招生数，扭转当前中等教育结构不合理的状况"。1986年，《技工学校工作条例》指出："技工学校的工种设置，应以操作技术复杂、技术业务知识要求高为主，为增强学生就业后的适应能力，不易划分过细""已经批准开办的技工学校不准改为中等专业学校或其他性质的学校"。到1990年，全国技工学校发展到4184所，在校生人数为

133.2 万人，分别是 1980 年的 126.6% 和 190.29% 。1990 年，《技工学校招生规定》中指出："省、自治区、直辖市、计划单列市劳动厅（局）和国务院有关部门及计划单列企业集团，应根据生产建设对技术工人的实际需求，在每年第三季度编制出本地区、本部门下一年度的招生计划，并报劳动部审核平衡，纳入国家劳动工资和技工学校招生计划。"可以看出当时"招生即招工"。

"文革"之后到 1992 年开启市场经济建设之间，在有计划的商品经济体制下经济快速发展，但是产业结构相对稳定且单一，技术更新速度较慢，技工学校培养的人才及其技能比较适合这一时期的经济发展。1991 年，《关于大力发展职业技术教育的决定》指出：办好各类职业技术教育，"使全国高中阶段职业技术学校的在校生人数超过普通高中的在校生人数""积极稳妥地改革中等专业学校和技术学校的招生和毕业生分配制度。应按照国家计划分配、用人单位择优录用和个人自谋职业相结合的就业方针，面向城乡多种所有制的需要培养人才，根据专业特点，合理安排毕业生去向，特别是要打开中级技术人才通向农村的渠道。计划、教育、劳动、人事等有关部门应积极配合，推进这项改革"。国家推行的国家计划分配、用人单位择优录用和个人自谋职业相结合的就业方式，开始尝试打破技工学校毕业生由国家统一分配的制度，为以后技工学校面向市场办学创造了条件。1989 年，劳动部《关于技工学校深化改革的意见》指出："有条件的技工学校还可以举办高级技工培训班或实习指导教师培训班。"

四、市场经济时期走向衰落

1992 年至今，市场经济建设过程中，技工教育逐渐被边缘化。1993年，劳动部制定的《关于深化技工学校教育改革的决定》指出："学校自主招生，毕业生自主择业"，技工学校招生计划由指令性改为指导性，技工学校除了招收城镇青年或接受乡镇企业委托的培训任务以外，可以根据当地经济发展需要，扩大招生范围，招收的农村青年毕业后被企业录用的，允许其户口迁往企业所在地的城镇落户，完全打破了国家统一分配的政策，使得技工学校毕业生逐渐失去了"招生即招工"的制度保障，但是这种就业分配制度改革仅是政策导向和小范围实践，并没有形成全国性的普遍政策，而促成改革推广的直接因素就是 1997 年之后的国企改革，大量企业"减员增效"，很多职业院校的主办企业单位效益低下，技校招生数从 1997 年开始下降。

1999 年，随着高校扩招，拉动了普通高中教育的发展，技工学校数、招生人数和在校生人数出现了全面下降。2000 年，劳动和社会保障部发布《关于加快技工学校改革工作的通知》，指导行业或企业举办的技工学校通过联合、分离、转制、撤销等方式进行改组，对行业或企业举办的国家重点技工学校，可引导其与其他学校或培训机构联合，组建高级技工学校；对具备面向社会开展职业培训条件的技工学校，可指导其从企业分离出来，办成独立的培训机构；对规模较小但有发展潜力的技工学校，可通过资产评估，探索以股份制形式办学的新模式；对不具备独立办学条件、停止招生的技工学校，可按规定程度予以撤销，改建为企业职工培训中心。2001 年，全国技工学校 3470 所，较 1996 年减少了 22.32%，在校生人数为 134.7 万人，减少了 29.77%。

进入 21 世纪以后，技工学校发展在政策文本方面展现了强大的发展活力，与实际发展过程中招生困难、社会吸引力不断下降产生巨大反差，具体办学效果和产业转型升级的作用缺少客观地评估。2002 年，《关于大力推进职业教育改革与发展的决定》明确提出："深化劳动就业制度改革，实施严格的就业准入制度和职业资格证书制度。"2004 年，原国家劳动保障部《关于做好东部对西部、城市对农村技工学校联合招生合作办学工作有关事项的通知》规定："东部地区根据当地技工学校教育资源和市场劳动力需求，制定与西部地区联合招生的方案。"2005 年，国务院颁布的《关于大力发展职业教育的决定》指出："到 2010 年，中等职业教育招生规模达到 800 万人，与普通高中招生规模大体相当。"并开始着手建立对贫困学生的助学制度。2006 年，国务院印发《关于进一步加强高技能人才工作的意见》，劳动与社会保障部颁发《关于推动高级技工学校和技师学院加快培养高技能人才有关问题的意见》，两个政策都旨在促进技工学校对高级技能人才的培养。

2008 年金融危机之后，国家也进一步加大了对技工学校的支持力度，旨在培养高级技能人才，提升企业竞争力和自主创新能力，促进我国从制造业大国向制造业强国转型。但是大力支持技工教育的财力、物力投入是否有效地达成了政策的愿景，目前还缺少科学有效的评估，而事实经验是，大量技工教育学校招生困难，社会认可度低，在校生在完成形式化的文化课教育后就被送到低技术含量的流水线上从事简单劳动。

第四节
职业高中

一、新中国成立之初的农民自创与发展

1958～1965 年，我国职业中学处于起步发展阶段，办学形式主要以农业中学和半工半读学校为主，经过"大跃进"时期的盲目发展，再到后来的调整、巩固、充实、提高，职业中学在曲折中不断发展。新中国成立之后接管改造、新成立的中等专业学校和建立的少量技工学校，主要针对城镇居民，农村缺少专门的职业学校。1956 年，随着中国完成社会主义改造，生产力水平提高和基础教育不断发展，等待升学的高小、初中毕业生大幅度增加。

为了解决生产和升学双重压力，1958 年开始，全国创办了大量的农

业中学和半工半读学校，这类学校采取半工（耕）半读的形式，在不影响生产的情况下指导学生学习生产、生活技能，毕业后继续参加生产，而且办学条件要求简单易于普及，所以这类学校迅速在全国范围内得到推广。1958年，"大跃进"开始后，江苏省海安县双楼乡农民用四天时间创办了海安县双楼乡民办农业中学（吴天石，1958）；同年，教育部第四次全国教育行政会议提出"大力举办农业中学、工业中学和手工业中学，把高小毕业生培养成有社会主义觉悟，有文化，又有一定生产技能的劳动者"。随后，全国各地开始建立农业中学。农业中学创办的目的是培养农业技术人才，实行群众办学，农忙劳动，农闲学习，为农业生产服务，并采取"谁读书，谁出钱"的原则，招生对象主要集中在25岁以下的高小、初中毕业生为主，一般不招收25岁以上的劳动力，以免影响农业生产。受"大跃进"政策的影响，1958～1960年，我国的农业中学出现了膨胀发展的局面，仅1958年就有20000余所农业中学建立，招生数达到200多万人，1960年又增加到22597所，在校学生达230余万人①。

二、城乡职业教育在曲折中发展

1961年，国民经济开始调整整顿；同年《中央工作会议关于农村整风整社和若干政策问题的讨论纪要》指出："农业中学应该改为业余学校，或者利用农闲季节，一年学习三个月到五个月。"在调整中，农业中学急剧减少。但是随着国民经济的恢复，农村又开始缺乏应用型人才，于是1963年《关于调整初级中学和加强农业、工业技术教育的初步意见》提出："过去几年停办或者合并掉的一些农业学校和与农业有关的技术学校，应该积极设法恢复，积极举办为农业生产服务的各种技术学校，同时也要办好农业中学。"1964年，中共中央转发教育部拟定的《中小学

---

① 国家统计局国民经济综合统计司：《新中国六十年统计资料汇编》，中国统计出版社2010年版。

教育和职业教育七年（1964—1970）规划要点》，随之职业学校大量兴办起来，农业中学学校数从 1963 年的 3757 所增加到 1965 年的 54332 所，在校学生数从 24.57 万人增加到 316.69 万人[①]。

城市在恢复到正常发展轨道时，城市的职业学校也取得了一定发展。1963 年，教育部与劳动部联合召开城市职业教育座谈会，会议中《关于在城市办职业学校的初步意见》认为，教育事业需要以农业为基础，以工业发展实际需要为主导，在城市开办不同类型的职业学校，逐步建立完备的职业教育体系[②]。1963 年，《第二次城市工作会议纪要》提出："当前城市需要就业的劳动力，主要方向是下乡上山。下乡上山的主要办法是到农村人民公社插队""职业教育应当主要面向农村，积极培养为农业服务的农艺、林业、畜牧、渔业、农机、医药卫生、会计、统计、供销等方面的人才，为城市青年学生下乡上山创造条件"。当时城市兴办的职业学校主要分为以下三类：第一类，改普通中学为职业学校，招收城市青年，毕业后到国营农场、渔场或人民公社参加劳动；第二类，依托工厂办校，招收城市青年，毕业后随机器下乡工作；第三类是工厂、企业、事业单位办职业学校，培养劳动和技术后备力量，学生毕业后由业务部门统一安排。1963～1965 年，我国城市职业中学从 546 所增加到 7294 所，在校生总数增加至 126.65 万人，形成一个发展高峰[③]。

这一时期的职业中学经历了从创立到不断成长发展的过程，大规模在农村发展职业教育、农民开办职业教育，这些探索实践都成为中国职业教育发展的重要经验，为国家经济的恢复、重建和发展培养了大批技术人才，促进了社会生产力的提高。同时，举办农业中学增加了高小阶段毕业生的升学出路，增加了农村适龄儿童的入学积极性，促进了初等

---

① 杨士谋、彭干梓、王金昌：《中国农业教育发展史略》，北京农业大学出版社 1994 年版。
② 刘英杰：《中国教育大事典（1949—1990）》，浙江教育出版社 1993 年版。
③ 中华人民共和国教育部计划财务司：《中国教育成就：1949—1983 统计资料》，人民教育出版社 1984 年版。

教育的普及。但是在发展过程中，忽视了发展的一般规律，盲目冒进地发展增加了教育的负担，降低了教育质量。同时，开办职业教育也是一种应对经济形势变化的临时性策略，成为容纳年轻剩余劳动力的"蓄水池"，发展过程缺乏对教育需求和供给的中长期规划，导致职业中学发展过程呈现"大起大落"的特点，造成了教育资源的巨大浪费。

三、"文革"后的缓慢发展

改革开放之后，职业教育也进入新的发展阶段。1978 年，邓小平在教育部召开的全国教育工作会议上指出："国家计委、教育部和各部门，要共同努力，使教育事业的计划成为国民经济计划的一个重要组成部分。这个计划，应该考虑各级各类学校发展的比例，特别是扩大农业中学、各种中等专业学校、技工学校的比例。"一些省市城乡开始恢复开办农业中学、职业中学。1980 年，《关于中等教育结构改革的报告》提出要在全国范围内鼓励各行各业开办职业学校，将一部分普通高中改办为职业学校、职业中学或农业中学。到 1980 年，我国农业、职业中学一共 3314 所，在校生 45.4 万人，职业中学和农业中学进入了恢复和发展的轨道。1982 年，教育部向各省、市、自治区教育厅（局）转发了山东省《关于加速农村中等教育结构改革问题的报告》，提出在一定时期内使农村技术教育在数量上有一个较大的发展，质量上有一个较大的提高，逐步建立起以先办农民技术中学为主要基地的技术教育网。1982 年底，《关于第六个五年计划的报告》提出"要创造必要的条件，把部分普通高中改为农业职业中学"。1983 年，《关于加强和改革农村学校教育若干问题的通知》提出，发展农村职业技术教育是振兴农村经济的重要措施，进一步增加和发展一批农业高中和其他职业学校，并且在普通高中增设职业技术课程，开办职业技术班；同年，《关于改革城市中等教育结构、发展职业技术教育的意见》提出要进一步改革城市中等教育结构，并对职业技术教育的方向、途径提出了具体要求。改革开放之后经济取得快速发展，各行各业对技术人才的需求不断扩大。1985年，中共中央颁布《关于教育体制改革的决定》，提出要将一批农村普通高中改办为职业高中，增设职业班，使大多数地区的各类高中阶段的职业技术学校招生数相当于普通高中的招生数，改变高中阶段教育结构不合理的状况。1991年，国务院发布的《关于大力发展职业技术教育的决定》提出要实现全国高中阶段职业技术学校的在校生人数超过普通高中的在校生人数。

1993～1998年，随着中国经济体制转型，中等职业教育也进入结构调整的时期，职业高中的数量增长放缓，学校的规模、布局结构、专业结构和办学主体等都发生了显著变化。1993年，《中国教育改革发展纲要》指出职业教育需要配合与满足地方经济建设和社会发展的需要，不同行业、企业、事业单位及社会其他力量联合办学，探索"产教结合"的路子。但是随着市场经济的发展，农村第二、第三产业快速发展导致农业比较效益降低，农业相关的职业培训吸引力也开始下降，1993年我国职业高中农林专业学生在校生人数为45.3万人，到1995年降低到38.1万人。为了解决农村职业高中数量减少，以及农林类专业招生数量下降的情况，1996年，国家教委与农业部联合发布《关于进一步办好农村中等职业学校农业类专业的意见》，要求加强学校基本建设和政府统筹的力度，提出具体措施指导农村地区办好农业类专业，通过调整，职业中学农林类在校生人数有所回升，到1998年，我国职业高中农林类专业在校生人数恢复到43.3万人。在中等教育结构调整过程中，职业高中诞生且成为我国中等职业教育的重要组成部分，该类型教育主要以农村中等职业教育学校为主，曾经为农村发展培养了实用性专门人才，但是自从高校扩招以后，现存的职业高中名存实亡，大多办成了高考补习学校。

四、高校扩招后名存实亡

1999年至今，随着高等教育大众化及对职业学校毕业生就业制度改革，职业高中学校数量和在校生规模不断缩减，仅存的学校也大多以高考补习学校或普通高中的方式办学。1999 年高校扩招，拉动了普通高中的发展，中等职业教育的生源大幅度下降，尤其是农村职业高中面临更大的困难。到 2002 年，我国职业高中的在校生人数从 1998 年的 454.92万下降到 2001 年的 383.1 万人，许多职业高中为了生存，开始举办所谓的"综合高中"，而实际上教学内容和毕业生出路同普通高中没有区别，出现了职业教育普通化的倾向。2003 年，《国务院关于进一步加强农村教育工作的决定》指出："在开展学历教育的同时，大力发展多种形式的职业培训，适应农村产业结构调整，推动农村劳动力向二、三产业转移。"2008 年，中共十七届三中全会通过《中共中央关于推进农村改革发展若干重大问题的决定》，提出要加快普及农村高中阶段教育，重点加快发展农村中等职业教育，并且逐步实行免费。2010 年，《中共中央 国务院关于加大统筹城乡发展力度 进一步夯实农业农村发展基础的若干意见》决定逐步实施农村新成长劳动力免费劳动预备制培训，国家通过政府购买等方式委托职业高中举办农民工外出就业培训，但经费使用状况和培训效果缺乏评估，社会影响力也非常有限。随着城镇化和城市化的发展，农村劳动力开始向城市转移，尽管国家投入大量的经费增加招生，但农村职业技术教育的规模出现不可逆转的缩减。

第五节
中等职业教育的就业制度改革

中等职业教育发展历程基本可以分成二个阶段：统招统配、双轨制、市场导向。这三个阶段的具体内涵和运行方式存在显著差异。"统招统配"是指国家根据生产过程中不同单位、职业和岗位的需求，编制招生计划，在不同时期由省或地级市一级政府统一规划招生人数和毕业生的就业安置①，政府包上学学费、生活费、包就业。而"双轨制"是指"国家任务计划"和"调节性计划"并存的招生就业制度，"国家任务计划"就是"统招统配"，即国家负责安置工作，而"调节性计划"包括"委托培养"和"自费生"两种形式，"委托培养"学生在毕业后应根据学校招生时与用人单位签订的合约，到委托单位就业，"自费生"毕业后需自谋职业②；"市场导向"是指将"国家任务计划"和"调节性计划"并轨的招生就业制度，统一招生计划和录取标准，学生上学需缴费，毕业生自主择业③。

招生就业制度发展的三个阶段也对应了中国不同时期的社会经济体制类型。首先是"统招统配"的制度，这种招生就业制度是从新中国成立开始，一直持续到 1984 年国家发展"有计划的商品经济"，这期间我国实行计划经济体制，政府行政计划和指令是资源配置的基础，教育生源的招收及毕业生人力资源就业也都严格按照政府计划进行；其次是"双轨制"，该就业制度与当时的国民经济体制相适应，计划经济与市场经济相结合，行政计划体系以外的商品经济发展对技能型劳动力的需求也在不断增加；最后是"市场导向"，随着我国全面转向市场经济体制建设，要素配置由行政力量为基础转为以市场为基础，劳动力市场通过供求和价格机制能更有效地配置人力资本，因此，中等职业教育的招生与就业开始完全面向市场，逐步实行政府引导、市场主导的招生就业制度。

一、就业市场化改革的路线图

外部经济形势和社会发展制度是中等职业教育招生就业制度变化的

---

① 详见 1964 年《关于中等专业学校招生和毕业生分配统筹规划问题的报告》。
② 参照 1988 年《普通中等专业学校招生暂行规定》。
③ 参照 1997 年《关于普通中等专业学校招生并轨改革的意见》。

原因和动力，国家相关教育部门根据经济形势的变化和社会发展的需要逐步调整中等职业教育的各项制度安排，使这三个阶段内部的发展以及三者之间的过渡是一个渐进的发展过程。因此，我们可以通过梳理不同时期教育部门出台的关于招生就业改革的政策文件，便能够掌握改革的路线图，因而在后续分析中能够做到更精准的识别。

（一）统招统配

在新中国成立之初经济恢复建设过程中，我国生产物资普遍紧缺，并且全面效仿"苏联模式"，建立了以政府为主导的资源配置体系。1953～1957年，我国实施第一个五年计划，并逐步建立行政手段作为资源调配基础的计划经济体制。到1957年，中央政府颁布《国务院关于各部负责综合平衡和编制各该管生产、事业、基建和劳动计划的规定》，标志着我国开始全面建立计划经济管理体制（赵凌云，2009）。相应地，职业教育作为与经济建设直接相关的教育类型，其招生就业制度也进行了调整。

与经济体制变化一致，我国也逐步建立了"统招统配"的职业教育就业制度。1953年开始，我国由人事部门统一负责制定就业计划，并且由职业学校的业务主管部门给毕业生分配工作，如果中等专业学校由中央各业务部门主管，那么毕业生的就业分配也由中央各业务部门负责。1964年，国务院批转高等教育部《关于中等专业学校招生和毕业生分配统筹规划问题的报告》，要求国家人事部门每年将从各部门和地方所属的中专学校毕业生中，最多抽调15%的名额，由国家统一调配，协调各地建设过程中的需求。

但是，"统招统配"的模式在"文革"期间也被中断。"文革"期间，教育秩序混乱，国家每年抽调15%的调剂制度也被迫中止。这一时期，仅存的职业院校发展艰难，毕业生按照"面向农村、面向边疆、面向工矿、面向基层"的方针，全部到农村和工矿就业。

"文革"结束之后，在国民经济恢复建设期间，我国再次恢复了"统招统配"的就业分配模式。国家继续"实行毕业生余缺调剂的办法",毕业生原则上依然由学校业务主管单位分配就业,国家在必要时会使用调剂名额协调区域间人才需求的平衡。因此在这期间,各类中等职业学校就业的分配与协调均由国家按照生产计划来进行,促进了不同地区、不同学校的招生人数与毕业生就业安置的平稳有序①。但是随着商品经济和市场经济在计划经济体制内不断成长并发展壮大,社会资源的配置基础也开始从完全的计划经济过渡到有计划的商品经济,中专毕业生就业招生和就业分配也开始发生变化。

(二) 双轨制

1984 年,中共十二届三中全会通过了《中共中央关于经济体制改革的决定》,决定发展公有制基础上的有计划的商品经济,使国有企业具有经营自主权,相应地,中等专业学校招生就业制度也开始由完全的政府分配转为政府部分分配的"双轨制"。1985 年,中共中央出台《关于教育体制改革的决定》,要求中等专业学校、高等院校扩大自费生比例,开始招收"调节性计划"的生源,往"双轨制"方向发展。1986 年 3 月,国家教委发布《普通中等专业学校招生暂行规定》,将普通中等专业学校招生来源计划扩充为国家任务、委托培养、自费生三种,"国家任务"生源由政府负责安置就业,"委托培养"的学生到委托单位就业,而"自费生"则是自谋职业。

"有计划的商品经济"是从完全计划经济向市场经济转变的过渡阶段,所以严格来说,双轨制只是从"统招统配"到市场导向的"自主择业"的过渡状态,"调节性计划"已经是就业不包分配制度的前奏。1987年 1 月,国务院办公厅转发《国家教育委员会等部门关于全国职业技术工作会议情况报告的通知》指出:"要改革中等专业技术学校和技工学校

---

① 国家教育委员会职业技术教育司:《中国职业技术教育简史》,北京师范大学出版社 1994 年版。

毕业生的分配制度，逐步将包分配改为不包分配，由用人单位择优录用。"由于当时的国有企业还有一定的就业吸纳能力，就业改革并没有在全国范围内迅速推行，但是作为改革方向，随着"调节性计划"招生比例逐年增加，"不包分配"毕业生的比例也在不断提高。

（三）市场导向

1992 年，中共十四大明确提出了发展社会主义市场经济的目标，中等职业教育"双轨制"的社会基础在不断消解，最终走向"取消就业包分配"的自主择业道路。1993 年，《中共中央关于建立社会主义市场经济体制若干问题的决定》提出要使市场在国家宏观调控下成为资源配置的基础，建立现代企业管理制度，建立全国统一性的要素市场体系。随着市场化改革的推进，供求机制、价格机制及竞争机制逐渐成为各种资源配置的基础，劳动力市场建立也不断发展完善，这也要求我国的劳动力人事制度作出相应的改革，国家负责分配就业的毕业生人数不断下降，中等职业教育毕业生就业逐步实现市场化。

"市场导向"就业体制确立的过程也是招生就业"双轨制"实现"并轨"改革的过程。1991 年的《中等职业技术学校收取学费的暂行规定》提出中等职业教育属于非义务教育范畴，应当对中等专业学校、技工学业和职业高中学生收取适当的学费，促进招生和就业的市场化改革。1996 年，国家教委、国家计委和财政部联合下发《中等职业学校收费管理暂行办法》，再次明确缴费上学的制度，学费标准由不同地区根据不同专业的生均培养成本来具体制定。到 1997 年，国家教委和国家计委发布《关于普通中等专业学校招生并轨改革的意见》，在全国范围内正式推行招生就业"并轨"改革，并根据各地区的发展实际，制定了明确的时间表，要求 1998 年绝大多数省、自治区、直辖市实行并轨改革，到 2000 年基本完成新旧体制转换。至此，"统招统配"的招生就业制度正式退出历史舞台，普通中专毕业生开始缴纳学费并自主择业，各地区也开始根据本地区经济和社会发展需要制定招生规划，统一招生计划、统一录取标准。

二、不同职业教育类型在改革中的异质性

虽然中等职业教育以中等专业教育为主，但中等职业教育学校还包括了技工学校和职业高中，由于不同主体的办学定位招生和就业去向在制度设计之初就存在差异，因此，它们在招生就业制度市场化改革中也存在异质性。中等专业学校作为中等职业教育的主体，针对农村生源采取了计划外的招生模式，"国家任务"计划内的招生一直持续到20世纪90年代末。技工学校从20世纪80年代初就已经逐步采取有条件的分配方式，并且直到1993年才逐步放开对农村生源的限制；而职业高中从最开始就不在国家就业包分配的范畴之内。

（一）中等专业学校

在"并轨"改革以前，国家负责就业分配的中等专业学校招生主要集中在城市，只有少数时期招收农村生源。1958年"大跃进"期间，教育部规定中等专业学校招生时需贯彻阶级路线，尽量招收满足阶级成分条件的工农干部、工人和农民。"大跃进"期间，城市中等职业学校大量招收农村生源，导致农村劳动力减少，城市商品粮供应短缺，同时学校硬件投资不足，教育质量低下，社会对毕业生的就业吸纳能力有限，因此，国家采取一系列措施压缩中等专业学校规模[①]：中等专业学校一年级农村生源在校生，派遣回乡参加劳动生产；城市生源的一年级在校生分配到厂矿就业，替换从农村招收的工人；二年级及以上学生提前毕业，

[①] 参照1962年5月25日，中共中央批转教育部《关于进一步调整教育事业和精简学校教职工的报告》。

负责分配工作。1961 年以后，中等专业学校主要招收城镇户籍生源，不再到农村招生①。

在招生就业制度"并轨"改革以前，"国家任务计划"内且政府负责分配工作的中等专业学校招生计划基本没有农村生源，但这并不代表农业户籍人口中不存在中专学历人口。1986 年，中共中央在《关于加强和改革农村学校教育若干问题的通知》中指出，中等职业教育招生就业制度改革，要为农村的人才打开出路，在不影响国家计划的前提下，探索计划外招生形式，招收由集体或个体负担培养费用，毕业后回原籍、原单位的培养模式。这些中专学历劳动者主要来自"定向生"及"农业中专班"，这些生源毕业后，国家不负责包分配，学校推荐回原籍、原单位工作。由于当时社会专门人才稀缺，这些学生的就业出路往往也是回到原籍或原单位担任管理者，依然具有干部身份。

首先是"定向生"。1983 年，中等职业教育改革招生制度，农牧渔业部、教育部联合发布《关于 1983 年全国高、中等农业院校招生工作的通知》，要求农业中专实行"两条腿走路"的招生分配方案：一方面是"国家统招，指标到县，定向招生，定向分配"；另一方面是招收农牧渔业企事业单位初中以上学历职工，或是农村初中以上学历优秀青年，单独招生，择优录取，毕业后不包分配，回原单位或原籍工作。同年 6 月，教育部和国家计委联合发布的《关于完成和扩大一九八三年中等专业学校招生计划等问题的通知》规定：中等专业学校在完成国家任务内计划招生后，学校可以根据社会需要以及自身专业设置，接收委托培养、计划外合同制招生以及不负责包分配的农村学生。这些定向生基本上都是"社来社去"，毕业后尽管政府部门不负责就业分配，但是回到原籍后，

---

① "文革"期间例外。1973 年，国务院批转国家计委和教科组《关于中等专业学校、技工学校办学中几个问题的意见》，文件强调：由省、市、自治区来确定具体招生方式，实施"自愿报名，群众推荐，领导批准，学校复审"的办法，主要招收一线生产的工人和农民，这就是所谓的"工农兵学员"。

公社或者人事部门都会安置到专业性的生产、管理岗位，就业出路较好。

其次是"农业中专班"。随着改革开放以后农村经济逐渐放活，乡镇企业也呈现蓬勃发展的态势，农村部门对专业人才的需求不断增加。1988 年，农牧渔业部、国家教委等部门联合制定了《关于农业中等专业学校招收农村青年不包分配班的若干规定》，对设立不包分配中专班的招生办法、教育内容、毕业生安置都做了详细说明。到 1989 年，全国有 2/3 以上的农业中学举办了不包分配中专班，占在校生总数的 15.7%[①]，为农村的经济发展提供了专业技术人才。

（二）技工学校

对于"国家任务计划"内的招生，由于技工学校数量和学生规模在中等职业教育中占比较低，就业包分配制度最先发生改变。1983 年，劳动人事部制定的《关于改革技工学校毕业生分配制度等问题的意见》指出：1983 年以后招收的技工学校学生，毕业后结合"三结合"[②] 的就业方针，采取择优分配的方式，不合格者不负责就业分配。1986 年，劳动人事部和国家教委提出技工学业毕业生就业制度需要改革，将国家统包统配改为以"三结合"为主的就业方针，实行在国家指导下，学校推荐，用人单位择优录取的制度。

"国家任务计划"内对于农村生源的招收，以 1993 年为分界点。1993 年以前，除了 1964 年至"文革"期间优先录取工人及贫下中农生源以外，其他时间均不录取农村生源，而在 1993 年以后，随着双轨制逐渐往并轨方向发展，技工学校也开始招收农村生源。1993 年，劳动部批转山东省劳动局《关于技工学校招收农业户口学生问题的复函》中，同意

---

① 国家教育委员会职业技术教育司：《中国职业技术教育简史》，北京师范大学出版社 1994 年版。

② "三结合"是指在国家规划指导下，实施"劳动部门介绍就业、自愿组织起来就业和自谋职业"相结合的方针，此政策出自 1980 年中共中央发布的《关于进一步做好城镇劳动就业工作的意见》。

山东省在高危、野外等特殊工种招生中面向农村青年，并可以由农业户口转为非农业户口。1996 年，吉林省人民政府办公厅下发《关于全省技工学校招收农业户口学生有关问题意见的通知》，规定农村生源的学生在毕业前仍需保留农业户籍，只有与用人单位签订 5 年以上合同后，才允许进行"农转非"。从《中国劳动统计年鉴》数据计算显示，技工学校 1996 年招生当中农业生源比例达到 27%，到 2004 年，这一比例达到 59%。

当然，在 1993 年以前，技工学校针对农村生源也有少量计划外招生，但这主要集中在供销社系统。1984 年 5 月，国家出台文件规定供销合作社性质恢复为集体企业（张井，1994）。因此，1984 年，商业部、劳动人事部联合下发《关于供销合作社系统技工学校招生问题的通知》，规定从 1984 年起，供销合作社系统技工学校的主要生源为农村人口，招收的农村户籍学生不转户口，不转粮食关系，实行"定向招生"，回原籍、原单位就业，供销社系统会采用合同制聘用一批优秀毕业生，其他学生自谋职业。另外，国家也提倡农村集体经济组织、生产队委托供销社技工学校培养专门人才。

（三）职业高中

改革开放以后，职业高中在较短时间内和中等专业学校、技工学校形成了中等职业教育核心组成部分。尽管 1980 年《关于中等教育结构改革报告》中指出国家不负责职业高中毕业生的就业分配，但该教育类型还是在 20 世纪 80 年代取得了较快的发展，而且社会认可度较高。主要原因就是随着农村实行家庭联产承包责任制，剩余劳动力增加，乡镇企业也逐渐发展起来，加上城镇个体经济迅速壮大，城乡非农就业机会不断增加，社会对专业人才需求的增加，促进了农业中学和职业中学的发展。1986 年，教育部、劳动人事部、财政部和国家计委联合下发《关于改革城市中等教育结构，发展职业技术教育的意见》，进一步要求，对职业中学、职业学校的毕业生，国家不负责就业分配，毕业时实行"三结合"的就业方针，或者由劳动部门推荐就业，用人单位择优录取，鼓励毕业生自谋职业，到农村为农民服务。

（四）招生就业制度改革主要集中在中等专业教育

通过对比不同类型中等职业教育招生就业制度改革的时间安排、招收农村生源的基本情况，我们可以判断，20 世纪 90 年代的招生就业"并轨"改革主要针对的是中等专业学校毕业生。技术学校一直到 1993 年才开始逐步、少量招收农村生源，且技校早在 20 世纪 80 年代就已经逐步取消政府就业包分配了，所以"并轨"改革对技术学校毕业生，尤其是农村生源的毕业生，影响较小。而职业高中、农业中学一直没有受到政府包分配政策的影响。因此，只有中等职业技术学校，而且主要是城市户籍生源，才是"并轨"改革的影响群体。

并轨改革期间，城市户籍的调节性计划生源、农村户籍的中等职业学校毕业生并不是政府取消就业包分配的直接影响群体，城市生源且属于"国家任务"计划的毕业生才是该项政策的目标群体。但是到 20 世纪 90 年代中期以后，各省中等专业学校的"国家任务"计划招生占比已经很小，而政府不负责就业包分配的"调节性"计划占比已经大于 90%。例如，浙江省 1985 年开始实行"双轨制"招生计划，到 1996 年时，"调节性计划"招生占 71.6%，其中自费生占比为 34.5%[①]；安徽省 1997 年中专的"调节性计划"招生已经占总招生人数的 80% 以上[②]。即使并轨改革以后上学开始缴费，但农村生源和"调节性计划"一直都是采取自费上学的方式，显然，招生就业制度的"并轨"改革并不是通过上学缴

---

① 谢世平：《试论普通中专招生并轨改革的必要性》，载于《中国职业技术教育》1998 年第 2 期。

② 安徽省教育委员会：《落实〈纲要〉精神 实行中专招生"并轨"改革》，载于《中国职业技术教育》1997 年第 7 期。

费方式来影响大部分的生源。

既然"调节性计划"招生已经占中等职业教育招生的绝大多数,而且他们本身需要缴费上学,且国家并不负责就业分配,那么"并轨"改革通过什么途径影响了中等职业教育毕业生呢?其实,影响渠道还是就业方式。因为,尽管城市"调节性计划"生源、农村的"定向生"和"农业中专班"并不是由国家根据生产计划分配工作,但是他们通常是企事业单位、生产队等组织委托培养,这些生源毕业后只要回到原籍或原单位就会被委托培养单位安置工作。但是当实施招生就业"并轨"改革以后,当地教育部门制定招生方案,统一考试、统一招生,在劳动力市场上,用人单位择优录取,毕业生竞争上岗,体制内单位委托中等职业教育学校进行人才培养的情况越来越少。我们不能认为招生就业"并轨"改革使所有的中等职业教育毕业生不再由政府负责就业包分配,但是,这场改革却从事实上实现了中等职业教育毕业生的市场化就业,在劳动力市场上,与普通高中、初中毕业生平等地寻找就业机会。

三、中等职业教育的生源数量和办学质量下滑

尽管大量研究证明招生并轨改革以前,中等职业教育办学质量和社会认可度较高,但是到现在该教育类型已经转变成为中考失利者的无奈选择,然而这种转变并不是招生就业"并轨"改革或者高校扩招等单独事件所决定,而是一系列的制度安排和社会环境的变化逐渐将中等职业教育边缘化。

(一)吸引力下降:"并轨"改革与高校扩招

在实行"并轨"改革后,中等职业学校可以根据市场需求及自身办学特色自主确定招生对象和规模,但是吸引力却严重下降。首先,上学缴费增加了学生的教育负担,在一定程度上影响了个体接受教育的经济

能力和积极性，但从已有的研究、政策文件及当事人的回忆，因为在正式实行上学缴费以前，中等职业学校已经是以自费上学的"调节性计划"招生为主了，所以缴费政策只是影响了占比较低的"国家任务计划"内生源；其次，取消国家就业包分配，由于政府只对"国家任务计划"内的招生负责就业分配，所以，取消就业包分配也只是影响了小部分的"国内任务计划"内生源，而大部分的"调节性计划"生源和所有的农村户籍生源基本不受影响；另外，取消"定向生""委托培养"等调节性计划招生，由当地教育部门统一招考、统一划线，各校录取，这让大部分计划外生源无法在上学前或学习过程中直接找到委托单位，失去了"近水楼台先得月"的机会，毕业后与普通高中毕业生、初中毕业生平等地到劳动力市场寻找工作。劳动力的配置不再受到制度的特殊优惠，而是以市场机制为基础进行配置，加之"并轨"改革后国有企业大规模"减员增效"导致就业空间变小，这种就业模式的转变导致了该教育类型吸引力的下降。

1999年，高校扩招进一步降低了中等职业学校的吸引力。高校扩招后，大量适龄人口流入普通高中，中等职业学校面临生源下降、短缺的危机。目前，关于大力发展中等职业教育的研究和政策文件都会提及民众的"大学热"，认为这是一种非理性偏好，显然，从个体和家庭角度来看，随着接受高等教育的可能性增加，大学毕业生也会越来越多，尽管这会导致大学毕业生平均收入水平下降，但学历更低的中等职业教育更容易受到高等职业教育毕业生的就业打压，导致就业机会和收入下降。显然，从就业、收入及社会流动等角度，高等教育自然是家庭和个人最理想的人力资本投资选择，因此，是否上大学通常是家庭和个体在现有预算约束下做出的理性选择。

无论是"并轨"改革还是高校扩招主要是缩小了中等职业教育毕业生的就业市场空间，导致该教育类型的吸引力下降。但由于当时中等职业教育学制短、以就业为导向、教育质量较高，对于很多有现实经济约束、教育投入贴现率高的群体还是比较有吸引力。因此，"并轨"改革及高校扩招主要是影响了学校的招生规模，并没有形成降低教育质量和生源严重下滑的动力。

（二）生源质量第一次下滑：招生考试改革

从1999年开始中等职业学校招生人数锐减，为了增加招生规模，国家改革中等职业学校招生考试制度，下放招生自主权。2001年，教育部下发《关于做好2001年中等职业学校招生工作的通知》，指出由学校根据社会需求和培养能力资助确定学校招生规模，统一报送教育部门汇总，并以指导性招生计划的形式公布招生计划。从2001年起，各级教育部门不再单独组织中等职业学校招生考试，各地统一按照初中毕业生高中入学考试（中考）成绩录取学生，部分中等职业学校可以免试入学。

从2002年起，中等职业教育进一步改革招生录取办法，逐渐取消入学成绩要求。由于中等职业教育招生大幅度下降，招生越来越困难，《关于做好2002年中等职业学校招生工作的通知》指出，各类中等职业学校可以采取提前招生、自主招生、注册入学、多次录取等多种灵活招生形式。2005年，教育部下发《关于统筹管理高中阶段教育学校招生工作的通知》，要求理顺高中阶段教育学校招生管理体制，统一组织生源，利用高中阶段各类学校教育资源，打破学校归属部门和类别界限，统一组织招生工作。

至此，招生规模成为国家考核中等职业教育发展的重要指标，以后出台的文件也鲜有提及提高教育质量、反思现有教育模式，基本围绕如何通过行政手段提高中等职业学校的招生规模及占比。这种办学思路导致中等职业教育生源和办学质量迅速下降，引发了延续至今的"招生乱象"，大量教育经费被消耗在争夺生源上，而且虚假宣传、招生数据造假也由此产生。

（三）生源质量第二次下滑：沦为救济式的"过渡制"教育

2010 年以后，为了扩大中等职业教育招生规模，国家进一步改革招生录取制度，吸纳就业困难群体就读，将职业教育矮化为技能培训和救济式的"过渡制"教育。2010 年，教育部下发《关于做好 2010 年中等职业学校招生工作的通知》，要求各地在接受应届初中毕业生的同时，也要招收往届初中毕业生、未升学的普通高中毕业生、退伍士兵、农村剩余劳动力、社会闲散人员、下岗失业工人。这种发展模式使中等职业教育成为面向社会全体成员的开放式教育，但也使它逐渐矮化成简单的技能培训和过渡制教育①。

第六节
总　结

中等职业教育的发展与社会经济体制模式息息相关，在计划经济时代繁荣发展，但是在市场经济时代却步履维艰。当市场价格和供求机制不完善，劳动力市场也无法灵活配置人力资本，政府根据劳动者特定的技能类型将其安置在特定职业和特定岗位，并通过"国家干部""国有企业工人"等政治身份增强就业稳定性，显然，在这种计划经济体制下，产业结构稳定，技术更新速度慢，获取特殊技能的职业教育有利于个体获得稳定的工作，也有利于直接提高劳动者的生产技能进而提高生产率。但是在市场经济体制下，劳动力市场通过价格信号和竞争机制能迅速将

---

①　在德国职业教育体系中，一种是纳入正规教育体系的"双元制"职业教育，大型企业、先进制造业等企业或行业协会办学，为德国培养了中高端技能型人才；另外一种是接受初中辍学、学习能力差等弱势群体的"过渡制"职业教育，这种职业教育占比较低，由政府举办，旨在培养学生基本的操作技能，使其获得基本的就业和生存能力。

岗位需求与劳动力供给进行匹配，产业结构调整频繁，技术更新加快，提高了特殊技能的折旧率，而那些一般技能水平较高的劳动者对特殊技能的学习能力也更强，职业转换也更加灵活和有效。显然，市场经济模式更偏好于一般技能。但是观察近些年来国家的高中阶段教育的政策导向可以发现，国家政策更倾向于通过扩大中等职业教育规模来推进高中阶段教育的普及，这种政策导向与民众意愿之间的偏差也越来越大。

通过梳理中等职业教育的发展历程，我们能够进一步思考民众就读意愿下降与政府强势干预之间存在矛盾的原因。近些年来，随着普通高中毕业生接受高等教育的可能性不断增加，越来越多的家庭更加愿意让子女就读普通高中，而中等职业教育由于缺乏优秀生源，办学质量低下，社会认可度也在不断下降，并陷入生源差、就业层次低、办学质量差的恶性循环当中。而政府没有根据社会经济发展对高中阶段教育定位进行灵活调整，依然坚持"普职相当"和普职招生"一比一"的原则，执念于发展中等职业教育有利于培养高端技能人才、促进产业升级的政策预期当中，投入大量财政性教育经费大力发展中等职业教育，缺乏对教育投入费效比的评估。

最终，中等职业教育与普通高中招生在规模上实现了差强人意的平衡，但却以牺牲职业教育质量为代价。因此，政策干预与民众教育投资意愿存在严重不一致，但这种不一致并没有引起足够的重视和研究，大部分研究均以民众"偏爱上大学""鄙薄职业技术教育"的非理性偏好来解释这一现象，这种结论没有反思经济结构转型过程中劳动力市场对职业技术教育和劳动者技能需求的变化，但却进一步强化了行政干预的合理性，误导了政策的制定。

第四章

理论与研究假设

不同的劳动力市场结构下，人力资本要素配置的灵活性存在差异，这也进一步激励了劳动者选择收益最大的技能类型。一方面，当劳动力市场劳动力配置效率低下时，劳动力市场保护程度高，劳动者更倾向于投资特殊技能培训；另一方面，劳动力市场的竞争性①越低，劳动者进行特殊技能培训的倾向就越强。劳动者自主择业实现就业的可能性越低，他们投资特殊技能教育的可能性也就越高。特殊技能人力资本阻止了劳动者向技能增进型企业或职业转换的可能性，并且导致离开培训的公司或所学的专业后，出现工资下降的问题。尤其是当出现经济周期或生产技术更新的时候，这种技术的转换和宏观经济的再配置会进一步恶化仅接受职业教育的劳动者市场表现。

本章的结构安排如下：第一节完善并介绍了"市场结构与技能选择"理论框架，劳动力市场的灵活性影响了个体的技能投资和职业转换，这为研究我国的职业教育回报率提供了方向；第二节根据对背景和理论的梳理，构建本书的研究假设，并根据假设得出有待数据检验的推论。

---

① 劳动力市场竞争性是指劳动力供给与需求匹配的可能性与匹配速度。匹配的可能性越大、匹配速度越快，劳动力市场竞争性越强，摩擦性也就越低。

第一节
市场结构与技能选择——一个理论框架

本节的理论框架来自瓦斯默（Wasmer，2006）的相关研究，我们称之为"市场结构与技能选择"理论。该模型在劳动力市场发育水平框架内研究了劳动力技能选择，对于我们研究高中阶段教育的结构选择提供了经济学理论视角。以往对适龄人口选择普通高中还是中等职业教育的研究，主要基于学习能力、"大学热"的非理性偏好、对职业教育的偏见等因素。但我们更相信家庭和个人在进行教育投资时，他们通常能够基于自身的经济实力、学习能力、教育预期及市场需求等因素作出理性选择。如果基于这个假设的话，以往的经验推断并没有解释力和说服力，而且也无法在一般性框架下进行推广。

劳动者的不同技能类型及其对岗位、职业转换效率的影响，导致他们适用于不同的劳动市场结构。较高程度的特殊技能与较低的职业转换之间互为因果，相互强化，劳动者掌握的技能越专业，那么此人对特定岗位、职业的直接贡献就越大，但是对于该岗位、职业以外的其他就业机会，该劳动者的特殊技能就无法继续发挥作用。对于掌握一般技能的劳动者来说，提高一般技能水平既有利于提升当前工作的效率，也有利于提高他们对其他岗位、职业的适应能力及生产率。但是，我们并不能认为一般技能要优于特殊技能，他们通常在不同性质的劳动力市场上具有各自的比较优势。

劳动力市场资源配置的灵活性差异影响了不同技能的回报率，进一步对劳动者的技能选择形成激励信号。当劳动力市场对劳动力配置效率较低时，即劳动力市场缺乏竞争性，政府干预个体就业选择，职业或行业的转换困难，他们更倾向于接受职业教育获得特殊技能。将每个职业比喻成隔绝的"孤岛"，生活在每个"孤岛"上的人把属于本岛的生存技巧掌握得越好，生活得也会越好；但如果每个岛屿联络越来越多，掌握所有岛屿共同的生存技巧的收益便更高。

"市场结构与技能选择"理论具有广泛的适用性和解释能力，欧洲和美国之间的劳动力市场制度灵活性的差异，导致了劳动者技能结构选择偏好的差别，最终导致经济增长方式存在差别。欧洲的劳动就业保护制度比较完善，劳动者失业或者被雇主辞退的可能性较低，就业岗位和职业比较稳定且转换的可能性较低，这导致劳动者投资特殊技能的积极性和收益都会更高，因此欧洲将职业教育纳入正规教育体系，并且建立了完善的"二元制"职业教育体系。在经济结构相对稳定的时期，劳动者不断提升的特殊技能有利于生产率的提高，相应的，特殊技能的回报率也更高。但是当面临经济结构转型或爆发经济危机时，失业者也很难通过转变岗位或职业实现再就业①，这也可以解释 2008 年经济危机之后，欧洲青年失业率为何居高难下。而美国的劳动力就业市场更加灵活和开放，技术更新、产业转型或贸易结构等因素导致某个岗位、职业或行业随时有可能产生、消失或者被替代，政府对劳动力市场的规制也较少，在这种市场结构下，劳动者更倾向于提升自身的一般技能，提高对不同岗位、职业的转换和适应能力，因此，美国主要发展普通中等和高等教育，并提倡通识教育，而职业教育不纳入正规教育体系，仅用作劳动者进修或岗前培训。

一、劳动者的技能选择

设代理人的贴现率水平为 r，劳动力总数为 1，死亡率为 δ 且能被新生人口迅速补充。根据企业对劳动者技能的偏好及技能回报率，新生人口会选择接受何种类型的技能培训，所获得的人力资本标记为 h，既可能是一般性技能 h^g，也有可能是特殊技能 h^s，个体只能选择一种技能教育，

---

① Blanchard, O., and Wolfers, J., "The Role of Shocks and Institutions in the Rise of European Unemployment: the Aggregate Evidence". *Economic Journal*, 2010, 110 (462): 1-33.

标记为 i，$i = s$ 或 g。在进入劳动力市场的时候，个体的人力资本结构标记为 $k(i)$，$k(i) = s,g$。p 表示劳动者从失业到就业的转换频率，这是刻画劳动力市场灵活性的重要指标，p 越大，表示劳动力市场越灵活，政府对劳动力市场的规制水平越低。b 表示失业的收益，当一个经济体的失业保护程度高，劳动者获得失业补贴如果高于保留水平，他/她很有可能选择不就业，这也就是"高福利养懒人"的现象。$W_0^{k(i)}$ 表示初入劳动力市场时，技能 i 的价值，可以理解成劳动者的工资或技能回报率。劳动者失业后的技能 i 的价值标记为 U^0。C^i 表示人力资本投资的成本，劳动者的行为选择及预算约束可设定为：

$$(r + \delta) U^0 = b + p \max_{i = s,g} (W_0^{k(i)} - C^i) - p U^0 \qquad (4-1)$$

$$s.t. \ W^{k(i)} - W^i \geqslant U^0 \qquad (4-2)$$

其中，式（4-2）表示劳动者进行人力资本投资的边界，即只有当技能的净收益（扣除了教育投资成本后）大于失业状态下的收益，劳动者才会进行技能投资或进入劳动力市场。

从动态视角来看，随着技术变化、国际贸易或产业升级，很多岗位、职业都会逐渐消失，因此，我们假定劳动者退出原有岗位或职业以后，就无法在该领域继续工作。如果劳动者离开目前的工作岗位或行业，那些劳动者的特殊技能便无可用之地，而一般技能还将保留，因此，劳动者进入新的岗位或职业时，所具备的人力资本水平为 $k'(i)$，对于原来那些特殊技能劳动者 $k'(s) = 0$，而对一般技能劳动者来说，$k'(g) = g$。$U^{k'(i)}$ 表示重新进入新岗位、职业以后，劳动者面临的失业收益。

从静态的视角来看，劳动者根据偏好选择适合自己的技能类型。首先，新生劳动力的显示性偏好为特殊技能，那么他现在和以后就都不会选择一般性技能，因此，进入某个行业工作的约束条件为 $W_0^s - C^s > W_0^g - C^g$，但是一旦被解雇或离开该行业，他们就会回归到新生劳动力的状态，不再具备任何技能。其次，那些显示性偏好为一般技能的劳动者，他们现在和以后也都不会选择特殊技能，工作的约束条件为 $W_0^g - C^g > W_0^s - C^s$，

且 $W_0^g > W_0^s - C^s$，但是他们一旦退出当前行业，他们依然具备一般技能，且不必再为重新学习技能付费。最后，还有一些劳动力对特殊技能和一般性技能不存在偏好，他们会随机学习一种技能类型，当退出当前工作或离开当前行业，那些掌握一般性技能的劳动者不需要重新进行教育投资，且他们下一份工作的约束条件为 $W_0^g > W_0^s - C^s$，而那些原本掌握特殊技能的劳动者重新进行随机选择一种技能类型。

二、行业行为

我们可以将劳动者的生产率的来源归结于人力资本本身及劳动力使用的其他要素。劳动者使用的其他要素的贡献水平在不同岗位、行业之间是随机的，可标记为 ε，可以理解成行业固定效应，行业的发展趋势符合强度为 λ 的泊松过程，其概率密度函数为 $f(\varepsilon)$，累计分布函数为 $F(\varepsilon)$，且要素贡献水平 ε 的初始值为 ε_0。因此，我们可以将不同技能类型劳动者的边际生产率 y 定义为：

$$y = \varepsilon + h^k \tag{4-3}$$

当劳动者初入劳动力市场的时候，掌握技能类型 i 的劳动者所具有的人力资本为 $h^{k(i)}$，经过与雇主协商，他们的初始工资为 w_0^k，如果劳动者继续提高特殊技能导致生产率增加，他们的工资会提高到 w^k。当劳动力市场比较灵活，政府就业保护规制相对宽松时，企业①替换一个劳动者所付出的成本可能更低；而在劳动权益保障水平较高的经济体，劳动力市场管制水平也更高，企业辞退或替换员工的成本更高，因此，将企业所承担的员工替换成本定义为 T。因此，尽管既定人力资本水平的劳动者与企业实现匹配，但是当其他生产要素、技术条件 ε 发生变化时，劳动力与当前就业岗位、职业之间还需要进行重新匹配，那么就会出现两种结果：匹配失败，劳动

---

① 这里的"企业"是一个宽泛的概念，既包括企业等市场主体，也包括劳动者就业的岗位、职业或行业。

者退出，重新择业；重新谈判，在新的技术水平上实现匹配。

三、劳动者与就业的博弈与匹配

在进入劳动力市场的时候，劳动者的人力资本结构 $k(i)=s,g$，初始工资为 W_0^k，当外生事件导致目前的工作无法继续，劳动者其他的职业选择的价值标记为 $U^{k'}$，当他们开始新的工作的时候，如果之前是特殊技能 $k=s$，人力资本水平为 $k'=0$，而如果是一般性技能 $k=g$ 时，$k'=g$。同样，在招聘劳动力时，行业/企业期望的收益是 J_0^k，除了这个员工以外，次优选择的价值为 V。只有劳动者与行业/企业之间达成一个纳什均衡的时候，双方才能实现匹配。博弈双方交易的临界点正好等于彼此次优选择的价值。因此，劳动者与行业/企业实现匹配的条件为：

$$S_0^k = W_0^k(\varepsilon) - U^{k'} + J_0^k(\varepsilon) - V \qquad (4-4)$$

S_0^k 表示双方在就业匹配过程中收益增加的总和。我们进一步可以用 β 来表示劳动者的谈判能力，$1-\beta$ 就表示行业/企业的谈判能力，$0<\beta<1$，可得 $W_0^k - U^{k'} = \beta S_0^k$，因此最终决定了劳动者的初始工资水平 w_0^k。

由于外生因素 ε 发生变化导致劳动者与行业/企业进行重新匹配。新一轮匹配后的劳动者的工资变为 $W^k(\varepsilon)$。行业/企业的收益为 $J^k(\varepsilon)$，其次优员工选择的价值为 $V-T$。因此外生冲击后，重新匹配的收益总和变为：

$$S^k(\varepsilon) = W^k(\varepsilon) - U^{k'} + J^k(\varepsilon) - V + T \qquad (4-5)$$

且劳动者的谈判收益还可以表示为 $W^k(\varepsilon) - U^{k'} = \beta S^k(\varepsilon)$，这也决定了劳动者的工资水平 $w^k(\varepsilon)$。

当 $S^k(\varepsilon)<0$ 时，在这种情况下劳动者与行业/企业无论如何谈判协商都难以最终形成纳什均衡，解除工作匹配合约是一个理性选择。根据莫滕森等（Mortensen et al., 1994）[1] 学者的研究，可以进一步得到博弈

---

[1] Mortensen, D. T. and C. A. Pissarides, "Job Creation and Job Destruction in the Theory of Unemployment". *Review of Economic Studies*, 1994, 61 (3): 397–415.

双方的保留策略。博弈双方收益关于要素外生变动的斜率为 $\partial S / \partial \varepsilon = (r + \delta + \lambda)^{-1}$。因此可以将劳动者与行业/企业谈判成功的临界值设为 R^k，在临界值上谈判的收益总和 $S^k(R^k) = 0$，这一规则可以进一步写成：

$$R^k + h^k + \frac{\lambda}{r + \lambda + \delta} \int_{R^k}^{\varepsilon_0} (1 - F(\varepsilon')) d\varepsilon' = (r + \delta)(U^{k'} - T) + rV$$

$$(4-6)$$

等号左边的值随着保留生产率 R^k、人力资本水平 h^k、外生因素干预强度 λ 的增加而提高，随着劳动力死亡率 δ 及贴现率 r 的增加而下降；等号右边的值随着劳动者次优选择价值 $U^{k'}$ 和行业/企业次优选择价值 V 的增加而增加，随着解雇成本 T 的增加而下降。

四、劳动力市场静态假设下的技能结构选择

假定不同技能类型培训成本是相同的：$C^s = C^g = C > 0$，可以得到以下三条结论。

（一）劳动者其他工作的选择空间

具有一般技能（$k' = g$）的失业者比特殊技能的失业者有更多再就业的机会：他们可以不用再为技能投资付费，并且继续保留现有的一般性技能 h^g，因此，若失业者具有一般性技能，那么其他工作岗位的价值也不会低于初次工作初始状态下的其他选择的价值，即 $U^g \geqslant U^0$。并且当 $p = 0$ 的时候，说明劳动力市场失效，失业者无法找到工作，那么具备一般性技能的劳动者的其他工作的价值就等于初次工作初始状态下的其他选择的价值，也等于在当时贴现率水平下的失业救济金数额，即 $U^g = U^0 = b/(r + \delta)$。

（二）工作的持续性

假定在工作岗位上，劳动者能够通过"干中学"的方式继续提升自

己的技能水平，因此，工作岗位的持续性越高，在该岗位上的边际生产率也会更高。结论一显示，特殊技能劳动者在失业之后职业选择的空间减小，再就业的难度更大，因此，他们在现有岗位上的持续性会更强，通过"干中学"的方式能够不断提升特殊技能水平，从而带来更高的生产率水平。

设 $\Delta R = R^g - R^s$，一般技能劳动者与特殊技能劳动者人力资本水平差异为 Δh，由于特殊技能劳动者的生产率更高，因此 $\Delta h = h^g - h^s < 0$；从结论一可得 $\Delta U = U^g - U^0 \geqslant 0$。根据上述设定，对式（4-6）做差可得：

$$\Delta R + \frac{\lambda}{r + \lambda + \delta} \int_{R^g}^{R^s} (1 - F(\varepsilon')) d\varepsilon' = (r + \delta)\Delta U - \Delta h \qquad (4-7)$$

从式（4-7）中可以看出，ΔU 和 $-\Delta h$ 越大，为了保证等号左右相等，ΔR 也更大，这意味着那些具备一般技能的劳动者其他工作机会选择更多（ΔU 更大），根据式（4-5）可知，当外生冲击 ε 打破现有工作匹配导致劳动者失业时，ΔU 变大，会降低匹配成功后的收益总和，降低工作匹配成功的概率。同时，特殊技能的生产率高于一般技能的生产率，$h^g < h^s$，这也进一步加剧了 R^s 与 R^g 之间的差距。

（三）特殊技能与一般技能之间的权衡关系

当经济体发展比较稳定，劳动者就业持续性较高的时候，发展职业教育，提高劳动者的特殊技能更加有利；但是当经济体面临发展转型，要素投入变动较频繁，而且还受到技术、贸易等外生因素的冲击，劳动者就业的岗位或职业持续性不强，被替代的风险较高时，发展普通教育，提高劳动者一般性技能便更加有利。

由于回报率 W_0^h 是劳动者技能选择的依据，根据 $W_0^h - U^{h'} = \beta S_0^k$ 可得，若劳动者更倾向于选择特殊技能，那么其决策函数为：

$W_0^s = \beta [(\varepsilon^0 - R^s)/(r + \lambda + \delta)] + U^0 > W_0^g = \beta [(\varepsilon^0 - R^g)/(r + \lambda + \delta)] + U^g$，因此，有 $\Delta U < \beta \Delta R/(r + \lambda + \delta)$。

因此，回报率主要取决于 ΔR 与 ΔU 的权衡关系，由于 $R^s < R^g$ 即工作持续性越强，投资特殊技能越有利；而当 $U^s < U^g$，具备一般技能的劳动者的其他就业机会增加会降低选择特殊技能的意愿。

五、劳动力市场动态假设下的技能结构选择

从静态的短期视角来看，特殊技能更有利于提升劳动生产率、提高工资及改善工作的持续性。但是，一般性技能能够增加劳动者与行业/企业谈判的筹码，也有利于提高初始工资和失业后职业转换的成功率。

一般技能与特殊技能之间的利益权衡关系也可以看作是职业内收益和职业外收益之间的博弈。从长期和动态的角度来看，这种博弈取决于两个因素：劳动力市场上搜寻和匹配成功的概率（p），刻画了劳动力市场的灵活性；除了谈判和匹配的劳动力之外，行业/企业其他选择的价值（V），这反映劳动力市场的进入障碍，V 越大表示行业/企业进入的壁垒也就越高。同时，V 也是由 p 的大小来决定。从图 4-1 中，我们可以看出如下的关系。

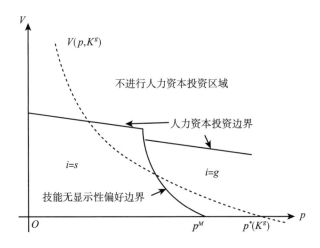

图 4-1 劳动力市场灵活性与职业壁垒之间的互动

（一）给定行业进入障碍 V，市场灵活性 p 的影响效应

图 4-1 中，当 p 更靠近 0 时，说明在市场上劳动者与行业/企业匹配成功的可能性较低，劳动力市场缺乏灵活性——从就业变为失业或从失业到再就业的难度很大，因此，他们更有可能接受特殊技能培训，在目前岗位上通过"干中学"的机会不断提升生产率水平。当 p 趋向横轴右侧时，劳动力市场的灵活性也在不断增加，劳动者更倾向于投资一般性技能培训，以便能更好地适应灵活多变的劳动力市场变化。$p^M(V)$ 表示对于任意岗位空缺价值，劳动力市场的灵活性正好使劳动者对技能选择无显示性偏好。如果劳动力市场的灵活性高于该临界值，那么劳动者更倾向于投资一般性技能，反之则为特殊技能。

p 表示劳动力市场的灵活性，该因素影响了劳动力技能投资的决策。从上述模型中，在考虑了劳动力市场的灵活性和摩擦性之后可以发现，当劳动力市场中政府规制过多或发育不健全，劳动力配置和转换的效率较低的时候，劳动力更倾向于投资特殊技能，提高当前工作的生产率；当劳动力市场中政府规制少，要素配置趋于灵活时，掌握一般性技能的劳动者在退出某个行业或职业时人力资本损失较小，而且实现再就业以后也不需要为人力资本投资重新付费。

（二）给定市场灵活性 p，行业进入障碍 V 的影响效应

当劳动力市场灵活性既定，行业进入障碍 V 越高，劳动者人力资本投资的积极性也就越低。当 V 高于人力资本投资边界值以后，劳动者就不再进行技能投资，但是 V 也随着市场灵活性的增加而不断降低。举一个极端的情况，如果劳动力市场没有任何灵活性，工作岗位的更替完全是"子承父业"式的世袭，那么劳动者就不再有动力提升自身的技能水平。

第二节
研究假设

"市场结构与技能选择"理论不仅可以解释欧美经济增长的差异，而且也适用于中国的经济体制转型和职业教育发展。中国职业教育的发展与经济体制转型密切相关，因为经济体制的转型直接改变了劳动力资源的配置基础及市场上不同职业、技术的互动关系。在计划经济体制下，政府是资源配置的基础，因此，劳动力需求也在行政配置资源的范围之内，当实际生产过程中劳动力需求增加，以国有企事业单位为主的生产单元会向同级计划委员会上报用工指标，层层汇总后，国家计委统一制订各层次人才培养计划，并将教育招生指标传达给教育部门，再将招生指标层层下达进行招生、培养，被录取的每一个学生都对应了国家计划的岗位和职业，毕业后根据招生和用工计划由国家进行就业分配。为了提高生产率，对于中等职业人才的培养基本以特殊技能为主，毕业后直接分配到特定工作岗位，在国有企业管理体制下，个体在一个岗位或职业上连续工作几十年的情况较为常见。显然，计划经济体制要素配置的效率低，基本不存在灵活的劳动力市场，岗位、职业转换较困难，劳动者在特定岗位、职业上专业水平越高，越有利于提高个人收益率和生产效率。因此，在市场经济转型以前，相对于无特殊就业政策的普通高中，家庭和个体更偏好于投资接受中等职业教育，甚至这种偏好都要大于对高等教育的偏好。

然而，在市场经济体制下，市场是劳动力人力资本配置的基础，劳动力市场的灵活性影响了个体的技能选择和人力资本投资。中等职业教育招生就业制度实行"并轨"改革之后，统一招生考试导致单位委托培养的比例越来越低，毕业后自主择业使毕业生在市场上与普通高中毕业生公平地竞争，因此，中等职业教育的招生和就业不再受到国家制度性保护，市场化改革使其成为劳动力市场上的普通主体，毕业生的职业选择及收益率主要依赖技能与岗位的匹配程度和生产率。但是，中国在建立市场经济体制过程中，国企效益低下导致就业吸纳能力下降，多种所有制的市场经营主体创造了更多的就业机会，劳动者就业形式也越来越多元化，劳动力市场渐趋灵活，而且不断更新的技术也促使劳动者就业的行业、职业不断发生变化，特殊技能的折旧率越来越高。经济产业升级对具有较高水平一般技能劳动者更加有利，家庭和个体也倾向于通过接受普通高中及更高层级的教育，获取更高水平的一般技能，提高适应产业转型、技术更新变化的能力，同时也有利于提升岗前特殊技能培训的效率。

　　"市场结构与技能选择"理论为我们研究中国职业教育发展和劳动力人力资本投资提供了一个解释框架。经济体制由计划经济转为市场经济过程中，人力资本配置的基础由政府为基础转变为以市场为基础，劳动力市场更加灵活，同时，经济结构调整、产业转型及技术升级提高了行业、职业更替的频率。尤其是进入 21 世纪以后，互联网技术将大量个性化的产品、服务需求与零散化、非正规化的劳动力整合到一起，行业、职业之间的就业转换越来越频繁，增加了对一般技能的需求。从这个角度来看，民众投资中等职业教育意愿较低的原因，更主要的原因可能是他们更希望在基础教育阶段接受更多的通识性教育和一般技能培训，而不是早早地学习一门适用空间狭窄而且随时可能被替代的技术。另外，那些在基础教育阶段对一般技能掌握较好的劳动者，他们在入职前接受特殊技能培训的周期也会更短，学习效果也会更好。

　　结合上述经验事实和理论，本书提出如下研究假设：

　　假设一：初始就业状态会对人的终身职业生涯产生影响，初入劳动力市场时的工作行业、职业及就业单位对劳动者的影响会延续到其整个职业生涯。

　　假设二：在面临经济结构转型或取消政府就业保护之后，掌握特殊技能的劳动者工作转换能力差，劳动力市场表现下降；而普通高中教育所提供的一般技能有利于提升劳动者的职业转换能力，提高个体在产业转型期间的劳动力市场表现。

　　根据上述假设，我们提出有待数据检验的推论：

　　推论1：中国经济体制转型及就业市场化改革期间，中专学历劳动者的教育回报率呈下降趋势，而普通高中学历劳动者的教育回报率可能会出现增加趋势。

　　推论2：在市场经济体制下，行业或职业更替频繁，劳动者工作持续性下降，特殊技能相对于一般技能的生产率优势不再显著，特殊技能劳动者的教育回报率与一般技能劳动者的教育回报率无显著差异。

第三节
总　结

　　中等职业教育在计划经济时代经历了快速的发展和繁荣，并且为经济建设培养了大批专门性人才。国家汇总生产过程对人才的需要，制订统一的国家任务招生计划，然后"招生即招工"。国有企业经济体量庞大、缺乏竞争而导致技术更新缓慢，并且能够提供全面而细致的社会化服务，这些特征给职工提供了稳定的发展预期，他们既不会被解聘，也不用担心生产技术变化导致工作被替代，而且在城乡二元体制下还可以享受"超国民待遇"。显然，在这种劳动力市场缺失的社会中，政府和个人都更加倾向于发展职业教育，提高劳动者特殊技能。政府能够明确地将掌握特殊技能的劳动者与生产岗位和生产任务相匹配，劳动者也能在安置的岗位上凭借特殊技能不断"干中学"，提高生产率。

　　在市场经济时代，通过政府"慷慨"的补贴和扩大招生的强势政策作用下，招生规模和就业率呈现出一片"繁荣"的景象，这与其不断下降的社会认可度和民众投资意愿形成强烈反差。从毕业生技能水平、就业内容和劳动力市场地位来看，中等职业教育发展质量确实在不断下滑。当前劳动力市场的供求、价格与竞争机制越来越健全，互联网技术、产业结构转型等因素提高了职业和行业兴衰、替代及相互转换的频率，就业形势渐趋多元化，而且对劳动者一般技能要求越来越高。高中阶段本应该是适龄人口积累基础知识、基本技能及人格养成的关键时刻，若能在这一时期打好基础，他们无论是升学还是工作，都能够更好地适应社会的变化。从这个角度来看，目前基于产业转型升级、提升劳动者专业技能水平的"想象"和政策预期，采取行政化手段扩大中等职业教育规模的做法是违反市场发展规律的。

"市场结构与技能选择"理论是基于欧洲和美国发展经验的总结，虽然提供了一个解释职业教育和普通教育发展的理论框架，但是是否符合中国的发展和现实还有待进一步检验。而本书接下来的内容就是通过大样本抽样调查数据，探讨职业教育所培养的特殊技能在计划经济和市场经济两个不同时期的生产率及收益率表现，通过这种表现的差异来解释为何民众对职业教育投资热情较低的原因。同时，通过研究特殊技能培训在就业市场化改革期间的收益率表现，也为我国当前进行的产业结构转型升级过程中如何定位中等职业教育的作用提供了借鉴。

第五章

数据及描述性统计分析

本章主要包括数据来源、不同数据的横向比较和评估、变量的定义及描述性统计分析。第一节介绍了采用全国流动人口监测数据的理由，进一步探讨了数据结论的适用范围；第二节介绍了数据的代表性和可能存在的抽样偏误，笔者采用 2015 年 1% 人口抽样数据和国家统计局农民工监测数据为参照，分别对比了流动人口监测数据全样本和农村样本的分布特征；第三节定义了研究要使用的变量；第四节则是对不同学历被访者的人口学特征和劳动力市场特征进行描述性统计分析，基本掌握变量的分布特征。

第一节
数据来源

研究主要采用了国家卫计委的全国流动人口动态监测调查数据。国家卫计委从 2009 年开始对全国 5 个城市的流动人口开展调查，于 2010 年将抽样范围扩大到全国 31 个省（市）、自治区和直辖市[①]，此后每年都会

[①] 包括了新疆生产建设兵团中流动人口较为集中的流入地，详细信息参照全国流动人口动态监测调查数据官方网站，http://www.chinaldrk.org.cn/。

在全国范围内对流动人口及其家庭成员开展调查，截至 2018 年，已有连续 9 个年度的横截面监测数据。调查内容涉及家庭成员人口学基本信息、流动的历史及范围、劳动就业状态、家庭及个人收支、计划生育服务管理、随迁及留守子女成长与教育、城市融入等方面。除了上述综合性调查，每年还有针对社会融合、身心健康、计划生育管理与服务等专题进行的专项调查。另外，在 2010 年和 2013 年，国家卫计委还对 5 个城市的本地城镇人口开展调查。

研究使用全国流动人口监测调查数据（以下简称"流动人口监测数据"）主要基于如下理由：首先，样本量大，在研究过程中，结果更加稳健、可信；其次，变量丰富，在受教育程度调查中包含"中专"选项，在户籍地信息中包含了输出地省份，另外还有丰富的人口学信息、就业工资与行业、职业信息，丰富的信息有利于笔者实施研究设计；最后，调查范围涉及全国，使研究结论具有普遍性，有利于笔者提出普遍适用性的政策建议。尽管上述优势为本书开展可信性的研究提供了便利，但是该数据抽样群体以农村外来人口为主，也对研究结论的代表性和适用性提出了挑战。

样本中农村户籍人口占比为 85.29%，身份为进城务工人员，因此数据和研究结论无法代表本地人口、城市人口及留在农村的劳动力群体，因此，本书在解读研究结论时需谨慎思考适用范围。但是从客观角度来看，这一样本分布特点也使研究结论更具有针对性，直接对应了当下普及高中阶段教育过程中最迫切需要解释和解决的问题：普及高中阶段教育的目标群体与结构选择。

目前，在我国东部省份和城市已经基本普及高中阶段教育，农村和中西部地区是接下来普及的重点和难点。通过梳理 2004 年"技工荒"显现以后教育部门出台的相关政策，我们可以发现如下政策意图：第一，普及高中阶段教育的结构选择，2006 年以后，中央政府加大了对中西部、农村地区中等职业教育生源的财政补贴力度，试图通过经济激励以扩大招生规模并达到中西部、农村地区普及高中阶段教育的目的；第二，大力发展中等职业教育，使农村新增劳动力掌握生产技术，培养新型农民，将其转化为中高级专业技能型人才，提高进城务工人员技能，促进农村剩余劳动力转移[1]。到 2012 年，农村户籍学生占中等职业学校在校生的比例为 82%，中西部地区学生占在校生的总数近 70%，而这些学生毕业后也主要是流向城市[2]。因此，如果要评估中等职业教育对普及中西部和农村地区高中阶段教育的效果，全国流动人口监测调查数据更具有针对性，研究结论也会更具有现实意义。

第二节
数据对比与评估

在抽样群体既定的前提下，研究需要了解被访者总体的分布特征及与全国代表性调查数据的差别，以便掌握样本的分布偏误。研究采用 2015 年 1% 人口抽样（以下简称"1% 人口抽样"），2010～2016 年国家统计局发布的《农民工监测报告》作为参照系，对比国家卫计委与国家统计局数据核心变量的分布差异，这样便可直观了解流动人口监测数据在随机抽样过程中的偏向性。本书关注劳动者的受教育水平、流动特征与劳动力市场表现，因此，我们选取受访者的受教育水平、流动范围和工作行业三个指标予以对比评估。

---

① 魏万青：《中等职业教育对农民工收入的影响——基于珠三角和长三角农民工的调查》，载于《中国农村观察》2015 年第 2 期。

② 《2012 中国中等职业学校学生发展与就业报告》编写组：《2012 中国中等职业学校学生发展与就业报告》，外语教学与研究出版社 2013 年版。

一、受教育程度

本书将 2015 年 1% 人口抽样数据中农村人口的不同学历占比作为参照，考察流动人口监测数据中学历水平的分布特征。具体做法是将样本总体按照出生队列分成 7 组，并进一步将流动人口数据分为全样本和农村样本，分别观察其与 1% 人口抽样数据的差异。

流动人口（全样本）的人力资本水平普遍比农村平均人口的人力资本水平更高。与流动人口监测全样本数据中 1961~1965 年出生队列的人群相比，1% 人口抽样中农村同队列人口的初中及以上学历占比偏低，而小学及以下学历占比偏高，尽管随着队列的年轻化，这些高低差距不断缩小，但依然存在。另外，流动人口的人力资本结构优化趋势也更加明显，它的初中学历占比从 1976~1980 年队列就开始下降，而农村人口中初中学历的占比直到 1986~1990 年队列才出现下降。

即使在中等教育内部，流动人口（全样本）的高中阶段学历人口占比更高，且中专学历上升的幅度远大于农村平均水平。随着队列的年轻化，流动人口中初中阶段占比不断下降，从 1961~1965 年出生队列的 51.97% 下降到 1986~1990 年出生队列的 49.66%，而普通高中增加了 4.37 个百分点，中专学历人口增加了 8.68 个百分点。1% 人口抽样调查数据的农村人口中，1986~1990 年队列与 1961~1965 年队列相比，初中占比增加了 13.38 个百分点，普通高中学历人口占比增加了 7.36 个百分点，中专学历增加了 4.44 个百分点。尽管两套数据中高中阶段人口增加的幅度相近，但流动人口中中专学历增加的幅度更高，而农村人口中普通高中增加的幅度更大。

当然，卫计委流动人口数据中人力资本平均水平偏高并不一定因抽样偏差引起，该数据中也包含了 14.71% 的城市户籍流动人口，如果我们仅保留农村户籍流动人口的话，流动人口监测农村数据的人力资本水平与农村平均人力资本水平之间的差距缩小，略微存在一些优势。例如，农村流动人口中小学及以下学历占比低 3.81～10.31 个百分点，初中学历占比从 1961～1965 年出生队列高出 5.98 个百分点，开始了逐步下降，到 1986～1990 年出生队列已低出 7.12 个百分点，普通高中占比高出 3.37～6.24 个百分点，中专占比高出 0.09～4.91 个百分点，大专及以上学历占比从 1961～1965 年出生队列低出 0.21 个百分点，开始逐步提升，到 1971～1975 年出生队列高出 0.06 个百分点，1986～1990 年出生队列高出 0.95 个百分点，且流动人口中中专学历占比随队列年轻化增幅也最大。这基本符合国内其他研究的结论：农村地区的中等职业教育毕业生主要流向城市地区，他们在流动人口中的占比高于全部农村人口中的占比（见表 5－1）。

表 5－1　　　　　不同数据之间的分队列学历人口占比比较　　　单位：%

数据来源	学历水平	1961～ 1965 年	1966～ 1970 年	1971～ 1975 年	1976～ 1980 年	1981～ 1985 年	1986～ 1990 年
2015 年 1% 人口抽样 （农村）	小学及以下	44.29	39.10	30.74	23.02	14.90	9.55
	初中	47.93	55.14	61.57	64.86	66.47	61.31
	高中	6.70	4.53	5.63	7.56	10.34	14.06
	中专	0.46	0.53	0.95	2.28	3.42	4.90
	大专及以上	0.62	0.70	1.11	2.28	4.87	10.18
全国流动人 口监测数据 （全样本）	小学及以下	29.85	30.07	22.31	13.59	7.50	5.03
	初中	51.97	55.98	59.45	58.22	52.70	49.66
	高中	14.04	9.91	11.66	14.09	16.17	18.41
	中专	1.35	1.54	2.44	5.45	7.77	10.03
	大专及以上	2.79	2.50	4.14	8.65	15.86	16.87
全国流动人 口监测数据 （农村）	小学及以下	33.98	33.16	24.95	15.67	8.91	5.74
	初中	53.91	57.68	62.69	64.29	60.67	54.19
	高中	11.15	7.90	9.76	13.12	16.58	19.13
	中专	0.55	0.70	1.43	3.88	6.55	9.81
	大专及以上	0.41	0.56	1.17	3.04	7.29	11.13

与农村人口平均状况相比，流动人口全样本数据的人力资本普遍偏高。我们进一步将比较范围限定为流动人口，比较卫计委流动人口监测数据与国家统计局的农民工监测数据之间的分布差异。表5-2显示，尽管在农民工监测数据与流动人口监测数据中，相同学历的人口占比差距不大，但后者还是存在一定的人力资本优势。与国家统计局农民工监测数据相比，卫计委流动人口监测数据中小学及以下学历人口占比在不同调查年份或高或低，初中学历人口占比更低，而高中阶段及以上学历人口占比更高。假定国家统计局的调查具有随机性和代表性，那么卫计委流动人口监测数据的人力资本水平分布就偏高。

表5-2　　　　　不同数据间分调查年份的学历人口占比比较　　　　单位：%

数据来源	学历水平	不同年份占比					
		2011年	2012年	2013年	2014年	2015年	2016年
国家统计局农民工监测报告	小学及以下	15.90	15.80	16.60	15.90	15.10	14.20
	初中	61.10	60.50	60.60	60.30	59.70	59.40
	高中	13.20	13.30	16.50	16.50	16.90	17.00
	中专	4.50	4.70				
	大专及以上	5.30	5.70	6.70	7.30	8.30	9.40
卫计委流动人口监测数据（全样本）	小学及以下	16.50	16.08	14.44	13.89	15.27	14.63
	初中	55.02	53.39	55.08	52.70	50.46	49.50
	高中	15.09	15.18	14.99	20.55	21.72	21.13
	中专	5.56	6.08	5.71			
	大专及以上	7.83	9.27	9.78	12.86	12.55	14.74
卫计委流动人口监测数据（农村样本）	小学及以下	18.63	18.28	16.30	15.72	17.13	16.42
	初中	59.23	58.10	59.38	57.31	54.92	53.81
	高中	13.91	14.18	14.39			
	中专	4.56	5.12	4.86	19.38	20.46	20.26
	大专及以上	3.66	4.32	5.06	7.51	7.49	9.50

注：《2010年农民工监测调查报告》中未列示农民工学历水平状况，故表中缺少对2010年调查数据的比较；国家统计局农民工监测报告自2013年开始将高中与中专合并统计、汇报，卫计委流动人口监测数据自2014年开始将高中与中专合并调查。

如果我们将流动人口监测数据样本限定为农村户籍人口，可以发现，流动人口监测农村样本与农民工监测报告之间的受教育水平整体上不存在显著差异，仅是在中等教育阶段，前者高中阶段学历占比略高。农民工监测数据中，小学及以下人口占比为 14.20% ～ 16.60%，初中学历人口占比为 59.40% ～ 61.10%，高中阶段占比为 13.20% ～ 17.00%，大专及以上学历占比为 5.30% ～ 9.40%；在流动人口监测农村样本中，小学及以下、初中学历、高中阶段和大专及以上学历占比分别为 15.72% ～ 18.63%、53.81% ～ 59.38%、13.91% ～ 14.39%、3.66% ～ 9.50%。因此，流动人口监测数据农村样本除了高中阶段教育稍微存在优势，其他学历阶段与农民工监测数据不存在显著差异，全样本数据存在的学历比较优势可能主要是由城市户籍流动人口造成的。因此，流动人口监测数据，尤其是农村户籍人口样本，对总体流动人口的人力资本水平具有一定的代表性。

二、流动范围

流动范围的影响甚至决定了流动人口携带社会化公共服务的难度，以及异地享受的质量，并进一步影响个体的落户意愿①，因此，我们有必要对比和评估不同流动人口调查中流动范围的差异。2011 ～ 2016 年，农民工监测报告显示省内流动的进城务工人员占比更高，为 52.90% ～ 54.90%。而卫计委流动人口监测全样本和农村样本数据均显示，流动人口中省外流动的比例稍高，前者为 50.14% ～ 56.44%，后者为 50.34% ～ 56.62%。显然，不同数据来源对于流动人口流动范围的调查结果虽存在差异，但相差并不大，省内、省外流动基本处于 1∶1 的水平。因此，在接下来的研究中，流动范围的偏差并不会对我们的研究带来很大的影

---

① 宁光杰、李瑞：《城乡一体化进程中农民工流动范围与市民化差异》，载于《中国人口科学》2016 年第 4 期。

响（见表5-3）。

表5-3　　　　　不同数据间分调查年份的流动范围比较　　　　单位：%

数据来源	流动范围	不同年份占比					
		2011年	2012年	2013年	2014年	2015年	2016年
国家统计局农民工监测报告	省内流动	52.90	53.20	53.40	53.20	54.10	54.90
	省外流动	47.10	46.80	46.60	46.80	45.90	45.30
卫计委流动人口监测数据（全样本）	省内流动	49.27	43.56	48.29	48.86	49.83	49.25
	省外流动	50.73	56.44	51.71	51.14	50.17	50.75
卫计委流动人口监测数据（农村）	省内流动	48.69	43.38	48.06	48.54	49.66	49.00
	省外流动	51.31	56.62	51.94	51.46	50.34	51.00

三、就业行业

与国家统计局农民工监测报告中就业行业分布相比，制造业、建筑业和交通运输、仓储邮政行业占比偏低。国家统计局农民工监测数据显示，流动人口从事制造业、建筑业、交通运输和仓储邮政行业的占比分别为30.50%~36.00%、17.70%~22.30%和6.30%~6.60%，而流动人口监测全样本数据分别为19.47%~21.93%、7.27%~10.32%和3.71%~4.45%，即使将样本限定为农村户籍流动人口，三个行业对应的比例与全样本相差不大，分比为20.04%~22.70%、7.71%~10.74%和3.61%~4.33%，可见，流动人口监测数据中第二产业或生产性服务业占比偏低。

但流动人口监测数据中第三产业占比偏高，生活性和消费性服务业就业人口占比远大于国家统计局农民工监测数据对应的比例。农民工监测报告显示，批发零售业、住宿餐饮业和其他便民服务业对应的比例分别为9.80%~12.30%、5.20%~6.00%和10.20%~12.20%，流动人口监测数据的占比普遍偏高，其中全样本数据对应的比例为21.18%~25.60%、12.57%~15.17%和10.48%~16.14%，农村流动人口样本对应的比例为 21. 48% ~ 26. 14% 、12. 84% ~ 15. 44% 和 10. 52% ~ 16. 76% 。

这种偏差可能是由抽样规则差异带来的，工作、生活的稳定性影响了就业行业的选择，并且互为因果。流动人口监测的调查对象限定为"在流入地居住一个月以上，非本区（县、市）户口的 15 ~ 59 周岁流动人口""流入地调查对象为调查点住户"[①]，这意味着被访者已经在城市有固定或至少连续居住一个月的住所，调查单位为住户。而农民工监测报告是"在农民工输入地开展监测调查，调查范围为全国 31 个省（自治区、直辖市）的农村地域，在 1527 个调查县（区）抽选了 8930 个村和 23. 5 万名农村劳动力作为调查样本"[②]，因此，农民工监测报告抽样则是以劳动力个体作为调查单位。显然，流动人口监测数据中的流动人口在输入地的状态更为"安定"，他们也更可能有固定的住所，从事服务业等第三产业通常需要有稳定的顾客来源和固定的服务对象。而国家统计局在农民工监测调查将"工棚""集体宿舍""工地"等住所或场所也纳入调查范围，显然，随建筑项目工程完工或制造业订单完成，他们有可能流动到其他城市，工作生活的稳定性较低（见表 5 - 4）。

表 5 - 4   不同数据间分调查年份的劳动者就业行业比较   单位: %

数据来源	行业	不同年份占比					
		2011 年	2012 年	2013 年	2014 年	2015 年	2016 年
国家统计局农民工监测报告	制造业	36. 00	35. 70	31. 40	31. 30	31. 10	30. 50
	建筑业	17. 70	18. 40	22. 20	22. 30	21. 10	19. 70
	交通运输和仓储邮政	6. 60	6. 60	6. 30	6. 50	6. 40	6. 40
	批发零售业	10. 10	9. 80	11. 30	11. 40	11. 90	12. 30
	住宿餐饮业	5. 30	5. 20	5. 90	6. 00	5. 80	5. 90
	其他便民服务业	12. 20	12. 20	10. 60	10. 20	10. 60	11. 10
	其他行业	12. 10	12. 10	12. 30	12. 30	13. 10	14. 10

---

① 参照 2009 ~ 2016 年国家卫计委《全国流动人口动态监测工作方案》。
② 国家统计局官网，http: // www. stats. gov. cn/tjsj/zxfb/201504/t201504297978 21. html，2015 - 04 - 29 。

续表

数据来源	行业	不同年份占比					
		2011 年	2012 年	2013 年	2014 年	2015 年	2016 年
卫计委流动人口监测数据（全样本）	制造业	21.93	21.82	20.82	19.47	21.42	20.22
	建筑业	10.32	9.43	9.09	8.62	7.27	8.35
	交通运输和仓储邮政	4.45	4.36	3.94	4.13	3.71	3.76
	批发零售业	23.37	22.55	22.52	21.18	25.60	23.18
	住宿餐饮业	12.57	13.15	14.64	15.17	14.02	13.83
	其他便民服务业	11.25	10.48	11.34	16.14	15.39	15.40
	其他行业	16.11	18.21	17.65	15.29	12.59	15.26
卫计委流动人口监测数据（农村）	制造业	22.70	22.44	21.58	20.04	21.90	20.78
	建筑业	10.74	9.93	9.54	9.21	7.71	8.89
	交通运输和仓储邮政	4.33	4.26	3.83	4.03	3.61	3.67
	批发零售业	23.59	22.82	22.92	21.48	26.14	24.25
	住宿餐饮业	12.84	13.54	15.14	15.44	14.41	14.16
	其他便民服务业	11.23	10.52	11.47	16.76	15.94	15.89
	其他行业	14.57	16.49	15.52	13.04	11.29	12.36

第三节
变量定义

研究过程中，笔者采用的核心变量主要分为学历变量、招生就业"并轨"改革变量、个人层面特征、流入地特征等。

一、学历变量

（一）中专与高中

中专①与高中同属于高中阶段教育，两者之间具有竞争性，即在大多数时间和地区，初中毕业生的升学选择只有普通高中、中等职业学校，在两者之间择其一。通过上文梳理中等职业教育的发展轨迹可以发现，从新中国成立以来它一直与普通高中之间保持一种此消彼长的状态。因此，20 世纪 90 年代各省开展的中等职业学校招生就业"并轨"改革，虽然直接影响了中职毕业生的就业和劳动力市场表现，但这也间接影响了普通高中毕业生就业的表现。显然，就业市场化改革增加了劳动力市场的灵活性，取消了中职毕业生的就业的制度优势，增加了普通高中毕业生就业的公平性，在市场机制下，普通高中毕业生和中职毕业生开始成为平等的市场参与主体。

另外，普通高中与中等职业教育代表了不同的技能导向，因此，毕业生在劳动力市场上的竞争也可以看作是一般技能与特殊技能在特定经济环境和条件下的比较。普通高中侧重于对学生学识、才能、身心素质及为人处事等基础知识和基本能力的培养，这些内容不随受教育者的岗位、职业或行业而改变，可以看作是一般技能。而中等职业教育则是以就业为导向，培养学生应用型的技术和操作技巧，输出初级、中级技术工人，学习内容通常仅适用于一类岗位、职业或行业，受教育者一旦到专业知识领域以外的行业工作，他们原来掌握的技能也随之失效，因此可以看作是特殊技能。

---

① 在国家卫计委流动人口监测调查数据中"中专"是对中等职业教育的统称，包含了中等专业学校、技工学校和职业（农业）高中三个类型；2015 年以前的人口普查在"受教育程度"一栏均以"中专"作为中等职业教育统称，直到 2015 年 1% 人口抽样调查才第一次将选项改为"中职"。

因此，本书设置第一个学历变量为：是否为中专学历，该变量为 $0 \sim 1$ 变量，其中 0 为高中，1 为中专。在下文研究策略设定时，笔者将中专定义为干预组，普通高中为对照组。但是，通过上述理论和经验观察分析可以发现，普通高中毕业生和中专毕业生存在竞争关系，因此，当中专作为"并轨"改革的干预组时，普通高中毕业生的劳动力市场表现也会因为改革而产生变化。因此，笔者还需要寻找另外一个对照组，保证该对照组在改革前后没有显著变化。

（二）高中与初中

笔者设定第二个学历变量为：是否为高中学历，该变量为 $0 \sim 1$ 变量，0 表示初中，1 表示高中。中等职业教育的"并轨"改革只是将"调节性计划"和"国家任务计划"合并为地方统一招考，并没有改变招生规模，并且改革前后初中阶段教育也未发生制度变化。因此，从经验观察来看，笔者认为"并轨"改革在短时间内不会对初中毕业生产生影响，并选择初中学历群体为对照组，由此剥离出"并轨"改革对高中毕业生劳动就业的影响。

（三）中专与初中

中等职业教育招生就业"并轨"改革既导致"国家任务计划"的中专毕业生不再由政府负责分配，也致使中等专业学校不再招收企事业单位、农村集体组织定向委托培养的学生，实行统一考试和录取，毕业后自主择业。因此，本书设定第三个学历变量为：是否为中专学历，0 表示初中，1 表示中专。由于初中毕业生未受到改革的影响，因此，它可以作为对照组将改革对中专毕业生的影响剥离出来。

二、招生就业"并轨"改革变量

我们通过改革年份与出生队列来确定"是否进行并轨改革"。表 5－5

为各省份实施招生就业"并轨"改革的时间及改革的政策文件或相关研究。从国家层面,原国家教委是在 1997 年底下发《关于普通中等专业学校招生并轨改革的意见》,要求 1998 年全国绝大多数省份要完成改革,2000 年全国基本完成新旧体制转换,改革的内容主要包括:学校制订招生计划,教育部门统一考试和招生;缴纳学费;取消国家就业包分配,毕业生到市场自主择业。

表 5 – 5   分省份改革启动的年份与相关文件或文章

省份	年份	最早受影响的队列	改革文件
北京	1996	1978	《关于普通高等艺术类院校 1996 年招生收费并轨改革学费标准及有关问题的通知》
天津	1996	1978	《国家不包分配大中(职)专毕业生择业实施办法》
河北	1994	1976	《关于国家不包分配大中专毕业生进入人才市场择业暂行办法》
山西	1998	1980	任咏梅:《"并轨"对中专教育的影响及对策》,载于《吕梁学院学报》2002 年第 2 期
内蒙古	1998	1980	《内蒙古自治区人民政府批转自治区计委等 5 部门关于全区普通中等专业学校全面实行招生并轨改革报告的通知》
辽宁	1997	1979	《沈阳市志(1997)》
吉林	1997	1979	刘醒民:《在全省贸易系统学校工作会议上的讲话》,载于《吉林商业高等专科学校学报》1998 年第 1 期
黑龙江	1998	1980	《关于做好全省普通中等专业学校招生并轨工作的实施意见》
上海	1997	1979	《关于对本市普通全日制中专学校招生并轨后实行最高收费标准控制的复函》
江苏	2000	1982	《江苏省教育厅、财政厅、物价局关于调整中等专业学校收费标准和职业高中收费并轨的通知》
浙江	1996	1978	谢世平:《试论普通中专招生并轨改革的必要性》,载于《中国职业技术教育》1998 年第 2 期
安徽	1996	1978	安徽省教育委员会:《落实〈纲要〉精神 实行中专招生"并轨"改革》,载于《中国职业技术教育》1997 年第 7 期
福建	1993	1975	《福州市志》——大中专毕业生分配

续表

省份	年份	最早受影响的队列	改革文件
江西	1993	1975	《江西省人民政府批转省计委、省教委关于做好一九九三年全省毕业研究生和大中专毕业生就业工作报告的通知》
山东	1993	1975	山东省人事局关于印发《山东省国家不包分配的大中专毕业生就业办法》的通知
河南	1998	1980	《关于我省普通中等专业学校招生并轨改革的意见》
湖北	1997	1979	《湖北省物价局关于黄冈市1997学年普通中等专业学校学费、住宿费收费标准的批复》
湖南	1998	1980	《湖南省人民政府办公厅转发省教委等单位关于做好全省普通中等专业学校招生并轨工作的请示的通知》
广东	1999	1981	《转发省高教厅关于我省普通中等专业学校实行招生并轨改革的请示的通知》
广西	1997	1979	《广西通志（1998）》
海南	1998	1980	《海南史志（1998）》——《海南省普通中专学校招生并轨改革意见》
重庆	1996	1978	孙力：《重庆普通中等专业学校招生并轨初探》，载于《重庆经济》1996年第2期
四川	1997	1979	四川省粮食学校：《招生并轨对粮食中专的影响及对策》，载于《粮食问题研究》1997年第11期
贵州	1997	1979	《我省普通中等专业学校自1999年起全部实行招生并轨改革意见的通知》
云南	2000	1982	《云南省教育（2000）》
西藏	2003	1985	《西藏自治区人民政府批转自治区人事厅等部门关于改革大中专毕业生就业制度意见的通知》
陕西	1998	1980	《陕西省人民政府办公厅转发省教委等部门关于普通中等专业学校招生并轨改革实施意见的通知》
甘肃	2000	1982	《关于普通中等专业学校实行招生并轨改革的通知》
青海	2001	1983	《关于做好2000年普通大中专院校毕业生就业工作的意见》
宁夏	1998	1980	宁夏回族自治区教委职教处：《普通中等专业学校"并轨"改革问题解答》，载于《宁夏教育》1998年第2期
新疆	1999	1981	王峰、斯提瓦迪：《招生并轨后学生就业对策探讨》，载于《卫生职业教育》1999年第1期

从表 5 - 5 中的改革年份来看，每个省份基本是在 1997 年前后实施改革。但是各地区由于经济社会发展水平、中等职业教育布局等各方面原因，实施的时间点也存在差别。例如，西藏和青海直到 2000 年以后才启动并轨改革。《中国教育统计年鉴》将"高中阶段教育学龄"界定为 16～18 岁，因此，我们假定各省份实施改革时 18 岁队列人口最早受到改革的影响。因此，我们将出生年份在最早受影响队列以前的个体界定为"未并轨改革"，标记为 0；将那些出生年份在最早受影响队列之后的受访者界定为"已并轨改革"，标记为 1。

通过梳理文件和相关文献发现，1978～1999 年，中等职业教育稳定发展，生源质量和办学质量未出现明显波动。但是在 1978 年以前，中等职业教育受到"文化大革命"中普及中学的冲击，基本处于停办状态；而在 1999 年之后，随着高校扩招，大量优秀生源流向普通高中，加上 2002 年以后取消中等职业教育入学考试，并逐步取消对入学成绩的要求，生源质量不断下滑。因此，本书将分析样本限定为 1978 年以后和 1999 年以前入学的群体，假定 16 岁入学，也就是将样本限定在出生年份为 1962～1983 年的群体。

三、其他特征变量

（一）个人特征

模型设定过程中还会控制被访者的人口学基本特征，包括性别、年龄、户口类型、流动范围和婚姻状况。变量定义如下：

（1）性别，若被访者为女性，标记为 0，若为男性，标记为 1。

（2）年龄，根据个体提供的出生年月及信息收集时的年月计算年龄，具体到出生月份。

（3）户口类型，被访者为非农户口，定义为 0，反之则为 1。

（4）流动范围，分为跨省流动、省内跨市、市内跨县，以及未流动。

（5）婚姻状况，分为在婚、离婚、丧偶和未婚四种情形。

（二）流入地特征

根据国家统计局流动人口监测数据显示，2010 年以来，农民工跨省迁移的比重开始下降，而县内跨乡镇、市内跨县的比重不断增加，人口流动的波浪式递进模式越来越明显。人们总是从文化水平低、教育设施落后的地区迁往文化教育中心地区，从普通县城迁往发达城市，这反映出我国目前的人口迁移呈现一种波浪式递进的模式，即从农村到城镇再到城市的层级递进模式（谢童伟，2011）。因此，一个城市的经济发展水平和产业结构影响了外来人口的迁移决定，也影响了迁入劳动力的劳动力市场表现，因此，有必要控制流入地的特征。笔者将流动人口监测数据与对应年份的《城市统计年鉴》相匹配，选取了城市人口密度、就业结构及人口自然增长率作为城市发展特征的代理变量，定义如下：

（1）流入城市的人口密度，将城市常住人口规模除以城市建成区面积。

（2）流入地就业结构，是城市第二产业就业规模比上第三产业就业规模，代表了输入地第二、第三产业的就业吸纳能力。

（3）流入地人口自然增长率，为《城市统计年鉴》公布的出生率。

第四节
变量描述性统计分析

一、改革前后不同学历人口的基本信息

表 5 - 6 描述了不同学历被访者个人特征差异。在初中、高中和

中专的被访者中，男性占比偏高，其中高中学历男性占比最高，为65.9%。三类群体的平均年龄在 33～38 岁，且中专群体的平均年龄偏低，说明该群体在年轻队列上分布密度更大，这与国家关于中专的招生政策有关，直到 1997 年（对应 1982 出生队列）以后，中等职业教育才开始大规模接收农村生源，随后农村学生成为中专的主要生源，因此，中专学历人群在年队列分布更密集。从农业户口占比来看，初中学历群体农业户口占比最高，其次是普通高中群体，中专学历的农业户口占比最低。

表 5 – 6　　　　　改革前后不同学历人口基本信息的描述性统计

样本量	初中	高中	中专
	N = 222093	N = 53798	N = 16937
性别（1 = 男）	0.62	0.659	0.59
年龄	37.062	36.267	33.349
户口（1 = 农业）	0.909	0.746	0.575
户籍地（1 = 东部省份）	0.240	0.29	0.343
户籍地（1 = 中部省份）	0.446	0.429	0.374
户籍地（1 = 西部省份）	0.313	0.281	0.283
迁移范围（1 = 跨省流动）	0.515	0.482	0.424
迁移范围（1 = 省内跨市）	0.305	0.317	0.344
迁移范围（1 = 市内跨县）	0.175	0.185	0.207
婚姻（1 = 未婚）	0.045	0.081	0.111
婚姻（1 = 在婚）	0.935	0.894	0.868
婚姻（1 = 离婚或丧偶）	0.021	0.024	0.021

关于被访者户籍地分布，对于初中学历水平的劳动者，来自中部和西部省份的比例为 75.9%；高中学历的劳动者主要来自中部和东部，占比为 71.9%；而中专学历群体主要来自中部和东部，占比为 71.7%。这

一分布比例也大致与地区间教育发展水平分布相一致：中西部地区教育发展落后，初中学历劳动者来自中部和西部的可能性更高。统计结果也显示，初中、高中和中专三类群体中来自中部省份的占比最高，中部省份劳动者流动的意愿似乎更强烈。

从流动范围来看，三类学历群体跨省流动的可能性最高，其次是省内跨市。从跨省流动单项来看，初中学历的劳动者占比最高，而省内跨市、市内跨县的流动中，中专学历劳动者占比略微高于其他学历的劳动者。样本中也包含了少量的未流动的样本，这一群体中中专的占比最高，其次是高中，初中占比最低。我们无法从统计描述中观察到人力资本和迁移范围之间明确的相关关系。

二、不同学历劳动者的劳动力市场特征

（一）工资相关因素分析

图 5-1 显示，初中和高中学历的劳动者的月平均工资水平在波动中有下降的趋势，但中专学历群体的月平均工资降幅最大。在 1975 年出生队列以前，中专学历劳动者的月平均工资水平最高，其次是普通高中学历群体，初中学历劳动者收入水平最低；1975 年出生队列以后，中专学历劳动者的月平均工资出现"跳水"式下降；而普通高中学历劳动者收入基本保持不变，直到 1984 年队列以后才稳定的下降趋势；初中学历群体的工资波动最小，但在 1975 年队列以后也有一个下降趋势，到 1985 年队列以后又出现回升。由于工资收入存在生命周期特征，工资水平通常先随年龄的增加而提高，到达顶点后再随年龄增加而下降，笔者无法排除初中、高中学历群体的工资波动受生命周期影响的可能，但中专学历劳动者的收入在短时间内出现大幅度下降，则可能是受到外部因素的冲击。

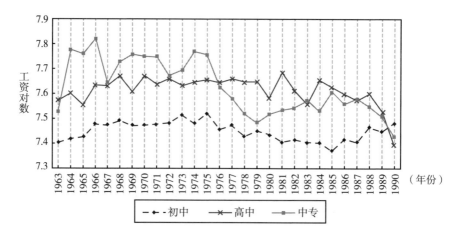

图5-1　不同学历人群在不同队列的月平均工资分布状况

图5-2显示了不同学历劳动者在不同队列上的小时工资分布状况。中专学历劳动者平均小时工资在1975年出生队列开始有下降趋势，到1978年出生队列又下降到一个水平，在1979年出生队列至1984年出生队列基本保持稳定，在1985年出生队列以后便进入连续下降的状态。普通高中学历群体的小时工资在1981年出生队列以前一直保持平稳上升的状态，而到1982年出生队列开始不断下降。初中学历劳动者的工资波动较小，在1984年出生队列以前基本保持略微上涨的态势。虽然1975年出

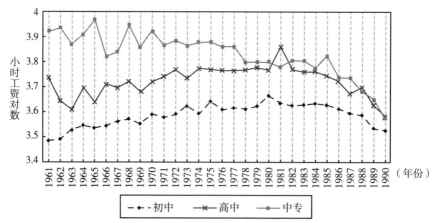

图5-2　不同学历人群在不同队列的小时平均工资分布状况

生队列和1984年出生队列分别对应了不同学历群体的小时工资下降，但我们无法判断是否是由招生就业改革本身引起。

另外，对比图5-1和图5-2可以发现，月平均工资和小时平均工资虽然在变动趋势上一致，但是在不同学历群体之间的对比关系上却有显著改变。影响小时工资的除了月工资总额以外，另外一个重要的因素是工作时长。工作时长的差异可能主要来自工作行业和就业身份的差异，通常自营劳动者或者雇主的工作时间较长，而一般雇员的工作时长除了加班以外，基本都是在劳动法律制度规定的范围之内。显然，将月平均工资除以总工作时天后，平均小时工资就存在行业或就业身份的加权效应，因此这也改变了不同学历群体收入的对比关系。

（二）劳动技能和管理水平

图5-3显示，虽然中专学历劳动者对普通高中和初中学历群体存在明显的技能优势，他们作为技能和管理人员的可能性更大，但是在1974年以后的出生队列这一比重也在不断下降。另外值得注意的是：技能和管理人员的评定主要适用于企业系统，企业通常会根据工人的技能水平将其分为高级技师、中级技师或初级技工，其衡量标准也主要根据劳动者的特殊技能。但是那些从事自我经营、开办个体工商户或开办私营企

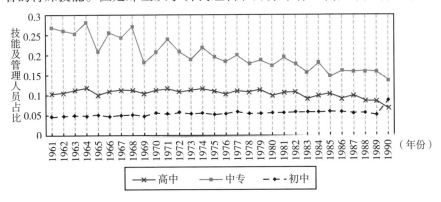

图5-3 不同学历人群在不同队列的技能管理人员占比的分布状况

业的个体，通常需要具备较高的一般技能，如信息收集、财务管理、社交沟通、新技术接受和学习等基本能力。

笔者还对比了不同学历群体在三年内参加技能培训的比例，与经验观察一致，中专学历劳动者接受技能培训的占比远高于普通高中和初中劳动者。而且随着队列年轻化，中专劳动者三年内接受技能培训的占比增加趋势最大。虽然无法知晓培训的内容，也无从判断培训的效果，但从改进低学历群体技能水平这一现实要求出发，初中学历劳动者接受培训的机会还是偏少。

（三）工作正规性

图5-4显示，中专学历群体就业的非正规性[①]程度最低，其次是普通高中，而初中学历群体非正规就业的比重最高。随着队列年轻化，非正规就业的比例也呈现下降趋势，显然，随着劳动保护法的实施以及多样化就业组织的涌现，劳动者签订劳动合同并获得社会保障的可能性也在增加。

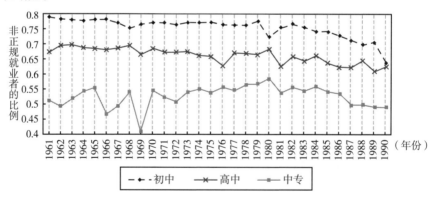

图5-4　不同学历人群在不同队列的非正规就业者占比的分布状况

① 这里的非正规就业采用三个维度进行界定：社会保障、劳动合同及工作特征。若劳动者没有"五险一金"（注：调查时点上，还是"五险一金"制度，如今已改为"四险一金"制度），或没有签订任何形式的劳动合同，或者从事自我经营、个体工商户或个体工商户雇员，我们将其界定为"非正规就业者"。

笔者还分析了劳动者参加相关社会保险的情况,中专学历劳动者参加城镇/职工居民医疗保险的比例较高,但随着队列年轻化,参加的比例也在不断降低,虽然初中和高中劳动者参加比例低,但未出现明显的下降趋势。关于签订劳动合同的情况,在 1966 年出生队列以后,中专学历群体签订劳动合同的比例比同队列的高中和初中群体都更高,而且随着队列年轻化,签订劳动合同的比例越来越高,其中初中学历劳动者签订的比例上涨幅度最大,这也反映了劳动合同相关法律等就业保障制度的实施效果。

(四) 工作职业

图 5-5 显示结果符合经验观察,初中学历群体更有可能成为一线生产、操作人员,而中专和高中学历劳动者之间的波动与中等职业教育改革比较契合。1993 年山东、福建、江西等省份开启中专就业市场化改革,这对应了 1975 年出生队列,在该队列以前,高中毕业生更有可能从事一线生产、操作;1999 年高校扩招后,优秀生源开始从考中专转向考大学,并且中专开始逐步取消录取分数限制,办学质量也一步步走向下滑,所以 1984 年出生队列以后,一线操作人员中中专学历人员占比显著高于高中学历劳动者。

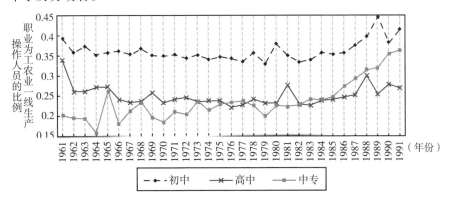

图 5-5 不同学历人群在不同队列的一线生产操作人员占比的分布状况

笔者还考察了不同学历劳动者为商业服务业从业人员的比重，在商业流通环节，从事批发和零售活动的劳动者中，高中学历群体占比最高，其次是初中学历群体，中专劳动者占比最低，但随着队列年轻化，初中与中专不断趋同并出现下降趋势。

（五）工作单位

图5-6显示，随着队列年轻化，三类不同学历劳动者在私营企业就业的比重均呈现上升趋势。其中，中专学历劳动者占比最高，其次是高中学历劳动者，初中学历劳动者占比最低。我们基本可以判断，中专学历劳动者更有可能选择到企业从事一线生产，而高中学历劳动者从事小规模自我经营的可能性更高。

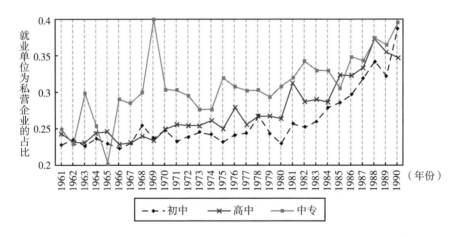

图5-6　不同学历人群在不同队列中就业单位为私营企业的分布状况

（六）就业行业

图5-7显示，初中和中专毕业生在制造业就业的比例较高，且不同队列之间具有一致性，而随队列年轻化，高中学历劳动者在制造业就业的比重虽有上升，但依然最低。

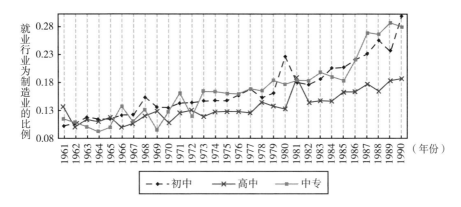

图 5 - 7 不同学历人群在不同队列中就业行业为制造业的分布状况

笔者观察了分队列不同学历劳动者在批发零售、食宿餐饮行业就业的比重，高中学历群体比例最高，并且随着队列年轻化呈现增加趋势，而初中和中专占比相对更低，并且呈现递减的趋势。从经验观察来看，普通高中学历劳动者虽然缺乏专业技能培训，但却具有一定的组织策划、与人沟通和财务管理等综合能力，所以他们通常更愿意结合自身具备的一般技能，从事服务业。

（七）就业身份

图 5 - 8 显示了不同学历劳动者就业身份的差异，虽然高中、中专和初中劳动者成为雇主的可能性不高且差距不大，但我们依然可以看出普通高中学历劳动者更有可能成为雇主，且随着队列年轻化，中专和初中学历劳动者的可能性不断下降并趋同。显然，普通高中教育提升了劳动者一般技能水平，综合素质和能力的提升有利于他们在生产、管理等经营的各个环节高效切换。研究发现，中专学历群体中成为雇员的比重最高，他们在职业教育学习期间学习的主要是特殊技能，这些技能更适用于特定企业和岗位工作；初中学历劳动者成为自营劳动者的比例最高，他们既缺乏像高中毕业生一样的一般技能，又缺乏中专毕业生同样的特殊技能水平，他们的人力资本状况更为不利，因此主要从事更加非正规

化的自我经营，工作和生活的稳定性都很难得到保障。

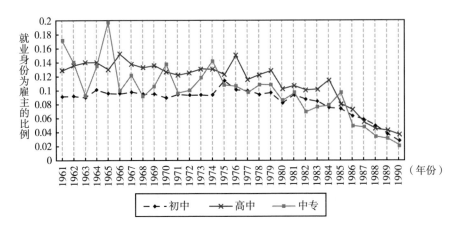

图 5-8 不同学历人群在不同队列中就业身份为雇主的分布状况

第五节
总 结

　　本章考察了国家卫计委全国流动人口监测数据对研究问题的适用性。对于目前国家在农村地区通过扩大中等职业教育招生的方式推进普及高中阶段教育，而农村中等职业教育毕业生选择进城务工，因此，流动人口监测数据对研究当前普及高中阶段教育面临的问题具有针对性。

　　笔者进一步评估了数据的代表性，尽管数据主要针对农村流动人口，但这些流动人口与农村人口的一般状况和农民工群体整体状况相比存在何种异同。笔者采用2015年全国1%人口抽样的农村数据和2010～2016年国家统计局的农民工监测报告作为基准，评估了国家卫计委流动人口监测数据中被访者受教育水平、流动范围和就业行业的差异。对比发现流动人口监测数据中被访者的受教育水平与全国农村平均水平相比略高，但与农民工监测数据相比受教育水平相近。流动人口监测数据中被访者跨省流动比例略高于省内流动，而农民工监测报告显示农民工省内流动略高于跨省流动。关于就业行业，流动人口监测数据中劳动者从事服务业的比重远高于农民工监测报告中的比重，而后者中劳动者从事制造业和建筑业的比例远高于前者的比重。研究认为这种就业行业的偏差可能是由抽样规则的差异造成。

笔者进一步对研究的变量进行定义，并进一步分学历和出生队列对核心变量进行描述性统计分析，研究发现：中专学历群体中正规就业者的比例高，而且受雇于私营制造业企业的可能性较高；普通高中学历劳动者更有可能从事住宿、餐饮或商业服务业等第三产业，而且他们的经营方式主要以个体工商户为主，就业身份更有可能为雇主；而初中毕业生既缺乏一般技能也缺乏特殊技能，该群体缺乏人力资本优势，成为非正规就业者的可能性最高。

本章一方面对数据进行了全面地介绍，另一方面也基于核心变量的定义对中专、高中和初中学历劳动者进行了对比，使我们对研究对象有了系统了解。下一章将会开始通过可信性的研究设计来评估中等职业教育与普通高中之间的收益率差异和市场有效性。

第六章 就业市场化对高中阶段不同教育类型劳动者的影响

20 世纪 90 年代以后，高中阶段教育以职业教育为主的欧洲面临劳动力高失业率和低职业转换率的困扰，近些年来随着技术的发展和产业结构的转变，职业教育毕业生就业转换能力低的问题越发突出。研究发现，欧洲国家职业教育的私人和社会收益被夸大了（Heckman，1994），企业或行业协会提供的职业教育过于专业化，这种特殊技能尽管短时间内有利于生产率提高，但长期来看减少了劳动者就业选择的空间，增加了他们职业转换的难度，劳动力市场抗风险能力下降。欧洲国家自 20 世纪 80 年代以后一直面临高失业率的社会问题，这一社会问题可能来自长时间发展职业教育导致的应对经济波动能力的下降，这些经济波动可能来自经济结构转型、新技术革命或者国际经济形势的转变（Ljungqvist et al.，1997）。汉纳谢克等（Hanushek et al.，2011）采用 18 个国家的跨国数据研究发现，相对于普通高中学历群体，中等职业学历劳动者的职业转换率较低，且随着年龄增加，他们面临失业的风险也显著增加，尤其是职业教育盛行国家的样本中，这一效应更显著。

从长期发展的视角来看，近年来国外经济学家已经证实中等职业教育有可能成为个体职业转换的障碍。短时间内，特殊技能有利于提升劳动者的生产率，但在长期视角下，经济体必然会经历经济周期或技术变革的冲击，特殊技能可能会阻碍劳动者实现就业转换（Wasmer，2006）。

职业转换能力和跨行业技能的重要性在近十几年越来越突出，它将成为个体适应社会发展的基本要素（Parrado et al.，2005；Lalé，2012）。还有研究者认为具备特殊技能的劳动者转变就业行业后，收入水平有可能下降（Mueller et al.，2015）。

尽管国外已经有研究关注技能结构与就业转换能力之间的关系，但依然无法绕开内生性问题的干扰。我们通过梳理文献，发现主要有三个内生性来源：第一，劳动者发生就业转换的行业不是随机的，因此，每个行业发生就业转换的效应存在异质性，而大多数研究只能计算出平均效应；第二，职业转换的选择性偏差，在现实世界，个体的职业转换通常不具备随机性，通常情况下都会从收入较低、技能与岗位匹配度较低的职业转换到收入更高、技能匹配程度更高的岗位（Jovanovic，1979），职业转换对技能收益影响存在被低估的风险；第三，转换工作或职业的劳动者通常也存在能力选择偏差，如欧洲的学徒制职业教育也是一种人岗匹配的筛选机制（Acemoglu et al.，1999），那些在特殊技能学习期间收益少、表现差的个体，通常在毕业之后会转换到其他行业，因此这种个体能力偏差容易高估职业转换的损失。

为了克服内生性问题的干扰，研究者试图通过寻找影响劳动者就业转换的外生冲击，而中国的就业市场化改革提供了一个良好的观察窗口。20 世纪 90 年代，我国改变了政府作为人力资本配置基础的经济体制，建立起了一个灵活的劳动力市场（Knight et al.，2005）。在计划经济体制下，政府根据生产需要制定人才和技能培养计划，"招生即招工"，被安置就业的劳动者转换就业单位或行业的可能性较低。在劳动力市场对人力资本配置效率较高的情况下，理性的个体通常会根据经济发展过程中出现的不同技术与新型行业不断调整就业岗位和行业。从政府安置就业到自主择业，这意味着劳动力个体在不具备职业转换的市场环境下被政府安置就业，转变到自由竞争的劳动力市场环境下自主择业、自由转换就业。中国的劳动力市场结构的转换在 20 世纪 90 年代短短几年迅速完成，这种转变之于个体的技能选择是外生的，并且发生之迅速使得劳动者很难在短时间内改变人力资本投资策略。

劳动力市场结构转型的前后，正好对应了前后不同队列的普通高中和中等职业教育毕业生，他们初入劳动力市场的方式存在显著差异，而这种差异和改革的影响可能会贯穿其整个工作生涯。学者研究了美国经济衰退期间就业的大学生，市场形势降低了学生的工作预期，从原来热衷的银行和金融部门转向公共服务部门，作者发现在整个职业生涯期间，与那些在经济形势较好时进入市场的个体相比，在经济形势不好时进入劳动力市场的个体的劳动力市场表现很难复原到前者的平均水平（Wachter et al.，2006）。显然，中国在20世纪90年代实施的中等职业教育招生就业市场化改革改变了毕业生进入劳动力市场的方式：改革以前毕业的中等职业学校毕业生，由政府、委托培养单位或集体组织安置就业，就业后很难转变行业或职业；改革以后毕业的中等职业学校毕业生自主择业，根据市场就业行情、经济形势和产业结构的转型，自主调整就业行业；而普通高中毕业生没有受到改革的直接影响。然而，中等职业教育和普通高中教育分别侧重于特殊技能和一般技能，随着劳动力市场发育不断完善，不同技能回报率和比较优势可能会发生改变。

"市场结构与技能选择"理论认为，劳动力市场发育程度不同直接会影响失业与就业之间转换的摩擦性和效率，进而影响了个体的技能选择及技能的回报率。当劳动力市场发育不完善时，政府作为人力资本配置的基础，劳动者更倾向于接受职业教育，掌握专业性的特殊技能。然而当劳动力市场发生转型时，劳动者转换就业岗位和行业的可能性增加，一旦发生就业转换，一般技能不会贬值，而特殊技能会面临贬值为零的风险，因此，当劳动力市场趋于灵活时，特殊技能的回报率可能会出现下降趋势，而一般技能的回报率则会出现增加趋势。

因此，本章采用中等职业教育招生就业"并轨"改革作为外生冲击，研究了就业市场化改革前后中等职业教育与普通高中毕业生的劳动力市场表现差异，这一差异也代表了劳动力市场体制转型期间特殊技能与一般性技能的回报率差异。尽管就业市场化改革距今已有 20 余年，但市场机制转型对技能偏好和回报率的影响依然延续至今，并对我国接下来全面普及高中阶段教育，以及教育结构的选择，具有启发意义。

第一节
研究策略

1993～2003 年，全国分省逐步实施了中等职业教育招生就业"并轨"改革，改革的核心内容就是取消国家就业包分配，改革"国家任务计划"和"协调性计划"并行的招生"双轨制"，"并轨"后改为地方教育部门统一考试、统一招生，并且开始实行"缴费上学"。在社会经济体制转型和城乡二元制的背景下，各省实施改革的背景比较复杂，首先，早在1987 年随着国家实行中专招生"双轨制"以后，"协调性计划"招生比重不断增加，在实行改革前夕，各省"调节性计划"招生人数已经占总招生人数的90%以上，这些学生不仅缴费上学，而且国家还不负责分配就业；其次，在实施改革前，中等职业教育主要针对城市人口招生，农村户籍的适龄人口需要通过集体企业、社队组织"委托培养"，以及"中专班"等形式就读，国家既不负责分配就业，也没有"农转非"的相关政策。

尽管城乡"调节性计划"生源没有获得国家就业包分配的资格，但并不代表他们就业没有安置途径。无论城市还是农村的"调节性计划"生源，他们通常属于国有企业、集体企业或农村社队经济组织等机构"委托培养"，毕业后他们需要按照协议到委托单位就业，因此，这些毕业生的就业安置也给民众一种"由国家分配就业"的错觉。但有一点是与国家分配就业相同，即中职毕业生的就业方式并不是由劳动力市场自由配置的结果。而20世纪90年代各省实施中等职业学校招生就业"并轨"改革后，地方教育部门统一招考，根据初中毕业生人数制定招生计划，自主招生，中等职业教育不再有"委托培养"等"调节性招生计划"，高中阶段教育毕业生在劳动力市场上"竞争上岗"、自主择业。因此，中国通过这一招生就业改革实现了中等职业教育毕业生的就业市场化改革。

一、模型设定

根据前文理论分析，笔者认为就业市场化改革对中等职业学校毕业生和普通高中毕业生初次就业的影响存在差异，而且这种影响将会延伸到整个职业生涯。本书采用"双差分"策略，分别计算就业市场化改革以前不同学历劳动者的市场表现之间的差异，以及就业市场化改革以后不同学历劳动者市场表现之间的差异，然后进一步比较改革前后这些差异的差别，便可以剥离出就业市场化改革的影响。因此，设定如下"双差分"模型：

$$Y = \alpha + (edu_{ij} \times Rfm_{ik})\beta + edu_{ij}\gamma + Rfm_{ik}\eta + X'_i\Gamma + X'_m\Phi +$$

$$\sum prov\mathrm{T} + \sum cohort\Pi + \sum year\Psi + \sum indus\Lambda + \varepsilon \quad (6-1)$$

其中，Y表示劳动力市场表现，包括劳动者收入、是否为管理技术人员等变量；edu_{ij}表示劳动者i的学历类别j，其中$j=0$，1，1为干预组，0为对照组，研究共包含三组"干预—对照"组：中专（干预）—高中（对照）、高中（干预）—初中（对照）、中专（干预）—初中（对照）；Rfm_{ik}表示劳动者i是否受就业市场化改革的影响，$k=0$，1，$k=0$表明干预组样本毕业时[①]未受就业市场化改革的影响，中专毕业生由政府或委托培养企业、组织负责安置就业，$k=1$表明中等职业学校统一招考，中专毕业生开始自主

---

① 假定高中阶段教育毕业年龄为18岁。

择业；其中 $edu_{ij} \times Rfm_{ik}$ 的系数 β 就是就业市场化改革的政策干预效应；在构建"双差分"时，笔者还分别控制了干预组、对照组的固定效应 γ，以及改革前后的独立效应 η。X'_i 表示一系列个体特征列向量，包括性别、年龄、户口类型（农业、非农业）、婚姻状态（未婚、在婚、离婚或丧偶）、流动范围（跨省流动、省内跨市、市内跨县）；X'_m 表示流入地地级市的特征向量，分别对应了调查年份的输入地的人口密度、第二和第三产业就业结构、人口自然增长率；模型还进一步控制了劳动者输出地省份（$prov$）的固定效应、出生队列（$cohort$）固定效应、数据调查年份（$year$）固定效应，以及劳动者就业行业固定效应①。

二、样本选择

"双差分"策略通过控制干预组和对照组在改革前后不随时间变化的因素识别政策干预效应，但该方法的有效性需要建立在一个前提假设下，即不存在随时间变化的因素同时影响干预组群体及其劳动市场表现。若存在随时间变化的因素同时影响干预组和被解释变量，那么方程中干预效应系数就是有偏的。

为了应对这一问题，笔者在梳理新中国成立以来教育体制改革历史的基础上，将样本限定在除就业市场化改革以外，没有受其他相关招生、就业制度改革影响的队列。中等职业教育发展历史显示，改革开放至高校扩招期间，除了 20 世纪 90 年代发生的就业市场化改革，中等职业教育、普通高中和初中均未发生过类似的招生、就业和教学制度的改革。改革开放以后，相对于普通高中毕业生，中等职业教育毕业生的劳动力市场比较优势呈现阶段性特征，随着高校扩招和中职学校办学

---

① 上文在梳理技能结构对就业转换能力影响的内生性来源时指出，劳动者在不同行业发生就业转换和转换的能力存在不随时间变化的异质性，而且不同行业在市场上的平均工资、技能结构等也存在差异，因此，我们需要控制不同行业的固定效应。

质量下降，该优势不再明显（陈伟等，2016）。因此，本书将分析对象的队列限定在 1962～1983 年，若 16 岁入学，对应入学年份为 1978～1999 年。

第二节
双差分基准模型

表 6 - 1 中结果显示，假定高中学历劳动者未受到就业市场化的影响，并以此为对照组，中专学历劳动者作为就业市场化改革的直接干预对象，他们相对于对照组的收入优势和工作岗位优势都出现了下降。模型（1）笔者控制了被访者的户籍地（省份）固定效应、出生队列固定效应、就业行业的固定效应及数据调查年份的固定效应；模型（2）在模型（1）的基础上，进一步控制了被访者的个体特征，包括性别、年龄、户口类型、婚姻状况及流动范围；模型（3）又在模型（2）的基础上控制了流入城市的人口密度、第二和第三产业就业结构以及人口自然增长率。模型（1）至模型（3）中各变量的系数的大小和显著性均未出现差异。

表 6 - 1   基准双差分模型（对照组：高中；干预组：中专）

解释变量	被解释变量：小时工资对数			被解释变量：是否为技术或管理人员		
	（1）	（2）	（3）	（1）	（2）	（3）
就业市场化改革后 × 中专学历	- 0. 092 ***	- 0. 080 ***	- 0. 079 ***	- 0. 020 ***	- 0. 017 **	- 0. 016 **
	(0. 016)	(0. 016)	(0. 015)	(0. 007)	(0. 007)	(0. 007)
就业市场化改革后（1 = 是）	0. 019 *	0. 019 *	0. 017 *	0. 007	0. 006	0. 006
	(0. 011)	(0. 010)	(0. 010)	(0. 006)	(0. 006)	(0. 006)
中专学历（1 = 中专，0 = 高中）	0. 100 ***	0. 093 ***	0. 090 ***	0. 078 ***	0. 069 ***	0. 069 ***
	(0. 012)	(0. 011)	(0. 011)	(0. 006)	(0. 006)	(0. 006)

续表

解释变量	被解释变量：小时工资对数			被解释变量：是否为技术或管理人员		
	（1）	（2）	（3）	（1）	（2）	（3）
性别（1=男）		0.187 ***	0.194 ***		0.030 ***	0.030 ***
		(0.010)	(0.009)		(0.003)	(0.003)
年龄		0.090 ***	0.093 ***		−0.014 ***	−0.014 ***
		(0.011)	(0.010)		(0.005)	(0.005)
户口类型（1=农业）		−0.089 ***	−0.086 ***		−0.047 ***	−0.047 ***
		(0.010)	(0.009)		(0.004)	(0.004)
在婚 （1=是，0=未婚）		0.044 ***	0.042 ***		0.009 *	0.010 *
		(0.012)	(0.012)		(0.005)	(0.005)
离婚或丧偶 （1=是，0=未婚）		0.038 *	0.039 **		−0.009	−0.008
		(0.019)	(0.019)		(0.007)	(0.007)
省内跨市（1=是， 0=跨省流动）		−0.125 ***	−0.105 ***		0.006	0.008 *
		(0.028)	(0.018)		(0.005)	(0.004)
市内跨县（1=是， 0=跨省流动）		−0.177 ***	−0.138 ***		−0.001	0.002
		(0.030)	(0.020)		(0.005)	(0.005)
流入城市的人口密度 （百人/平方公里）			0.018 ***			0.001 ***
			(0.003)			(0.000)
流入地就业结构			−0.005			−0.005
			(0.019)			(0.004)
流入地人口自然增长 率（‰）			0.002			0.000
			(0.003)			(0.000)
户籍地（省）固定 效应	是	是	是	是	是	是
出生年份固定效应	是	是	是	是	是	是
调查年份固定效应	是	是	是	是	是	是
就业行业固定效应	是	是	是	是	是	是
观测值	70735	70735	70735	70735	70735	70735
R^2	0.176	0.206	0.216	0.196	0.201	0.201

注：*、**、*** 分别代表10%、5%、1%的显著性水平；括号内为流入地（地级市）聚类的稳健标准误。

其中，在控制了就业市场化改革、中专学历的固定效应之后，两者交互项系数的显示，受就业市场化改革的影响，中专学历群体相对于高中学历劳动者的收入优势改革前后下降了 7.9~9.2 个百分点，在调查时点上就业岗位的管理和技术优势下降了 1.6~2.0 个百分点。结合图 5-2 和图 5-3 可以发现，就业市场化改革以后，就业行业和岗位越来越多元化，企业根据市场需求、技术进步对自己的用工需求也随时做出调整，产业结构更新导致很多传统行业逐渐被边缘化，而那些在中等职业学校掌握特殊技能的劳动者很难适应市场的技能需求，一旦出现新技术或新行业，他们之前掌握的特殊技能就有可能迅速贬值，因此，灵活的劳动力市场环境下，中专学历劳动者在不同职业和行业之间转换的能力及效率低下的短板就凸显出来，失去了政府就业分配的制度保护，他们的劳动力市场表现也就与普通高中学历劳动力趋同了。

另外，控制变量系数也提供了一些信息。从劳动者个体特征来看，男性比女性的收入高出 19 个百分点，成为技术或管理人员的可能性高出 3 个百分点；仅控制劳动者年龄一次项的时候，劳动者年龄与收入水平正相关，而与他们成为技术管理人员的可能性负相关；农业户籍的流动人口相对于非农户籍流动人口，他们收入下降了 8~9 个百分点，成为技术或管理人员的可能性低了 4.7 个百分点；劳动者无论在婚或婚姻异常，他们都要比未婚的群体收入更高，但是与劳动者是否成为技术或管理人员的关系不稳健，在婚群体成为技术管理人员的可能性比未婚群体略高；与跨省流动的情形相比，省内流动的劳动者收入水平更低，但在成为技术或管理人员的可能性之间不存在显著或稳健的差异。从流入城市的控制变量来看，城市的人口密度越大，意味着产业和人员的集聚程度越高，城市发展水平可能就越高，劳动者的收入水平也越高，他们成为技术或管理人员的可能性越大；而流入地就业结构和人口自然增长率对工资和岗位的影响似乎并不显著。

表 6-1 中，笔者假定普通高中学历劳动者没有受到就业市场化改革

的影响，并以此为对照组，而事实上，高中学历劳动者与中专学历劳动者之间是一种竞争关系，他们同属于高中阶段教育，接受了不同结构的技能，按照教育制度的设定，两类群体在毕业后的"学力"应当是相同的。但是在计划经济时期，国家"以岗定人""招生即招工"的教育体制下，中等职业教育更有利国家实现"人岗匹配"，并且在技术进步、更新缓慢的经济环境下，掌握特殊技能的中专毕业生更有利于提升生产率，而普通高中毕业生既没有国家助学金方面的支持，也没有就业政策上的倾斜，在劳动力市场上，普通高中学历劳动者实际上是处于一种被"歧视"的状态①。但是，随着就业市场化改革，灵活的劳动力市场开始同等对待普通高中学历群体和中专学历群体，他们在市场上可以根据各自的比较优势选择不同的行业和职业，在技术升级、产业转型和经济结构调整中，平等地接受市场机制的选择。也就是说，就业市场化改革虽然主观上并不是直接针对普通高中毕业生，但却为他们创造了更具有竞争性和公平性的劳动力市场环境，间接地提升了他们的劳动力市场表现。

在第五章的描述性统计分析显示，初中学历的劳动者在就业市场化改革前后的劳动力市场表现未出现明显波动，无论从学历层次、学力水平和政策目标导向来看，这一群体受到就业市场化改革冲击的可能性较小。因此，我们可以将其看作比较理想的对照组，并分别将中专和高中作为干预组，通过"双差分"策略消除不随时间变化的因素，以及初中本身的影响效应，从而将改革对中专和高中的影响效应剥离出来。

表6-2中，我们以初中学历群体为对照组，分别观察了就业市场化改革对高中和中专学历劳动者劳动力市场表现的影响，结论显示，改革显著降低了中专学历劳动者的工资水平和工作岗位的技术优势，但对高

① 市场经济体制建立以前，普通高中的办学定位就是"升学"。在城乡二元体制壁垒高筑的时代，农村高考失利者只能选择回到农村，除了务农别无选择，但多年读书导致农业劳动、一线生产的基本技能缺乏，因此，在农村处于"被歧视"的地位；而在城市，除了国有企事业单位，其他就业基本非常有限，那些城市户籍的高考失利者进不了国企，也没有一技之长，更缺少从事其他生产、经营的制度环境，通常也处处遭受"歧视"。

中学历群体来讲，结论不稳健，改革似乎增加了他们的收入水平。窗格 1
中，在分别控制了改革和学历的独立效应之后，就业市场化改革导致中
专学历劳动者小时工资收入下降了 5.6～8.6 个百分点，从事技术或管理
岗位的可能性下降了 1.9～2.6 个百分点。窗格 2 中，就业市场化改革对
高中学历群体的影响不稳健，模型（1）控制了户籍地、省份、出生队
列、就业行业及数据调查年份的固定效应之后，就业市场化改革对高中
学历群体工资收入的影响虽然为正，但效应量偏小且不显著，对就业岗
位技术、管理水平的影响为负，但是随着模型（2）和模型（3）进一步
控制个体特征和流入地特征后，小时工资的影响系数为正，而就业岗位
的系数不再显著，就业市场化改革似乎提升了高中毕业生的市场竞争力
和收入水平，这种不稳健可能是由于改革后队列过少造成，而对高中的
间接影响还需要一个市场一般均衡的过程。

表6-2　　　　　　　基准双差分模型（对照组：初中）

变量	被解释变量：小时工资对数			被解释变量：是否为技术或管理人员		
	（1）	（2）	（3）	（1）	（2）	（3）
窗格 1 对照组：初中；干预组：中专						
就业市场化改革后 × 中专学历	−0.086 *** (0.015)	−0.056 *** (0.013)	−0.056 *** (0.013)	−0.026 *** (0.007)	−0.019 *** (0.007)	−0.019 *** (0.007)
就业市场化改革后 (1 = 是)	0.009 (0.009)	0.003 (0.007)	0.004 (0.007)	−0.003 (0.003)	−0.004 (0.003)	−0.004 (0.003)
中专学历 (1 = 中专，0 = 初中)	0.256 *** (0.020)	0.217 *** (0.018)	0.213 *** (0.017)	0.151 *** (0.008)	0.134 *** (0.008)	0.133 *** (0.008)
观测值	239030	239030	239030	239030	239030	239030
R^2	0.196	0.233	0.236	0.121	0.127	0.127
窗格 2 对照组：初中；干预组：高中						
就业市场化改革后 × 高中学历	0.006 (0.008)	0.024 *** (0.009)	0.024 *** (0.009)	−0.009 *** (0.003)	−0.005 (0.003)	−0.005 (0.003)
就业市场化改革后 (1 = 是)	0.001 (0.009)	−0.004 (0.007)	−0.003 (0.007)	−0.004 (0.003)	−0.006 * (0.003)	−0.006 * (0.003)

续表

变量	被解释变量：小时工资对数			被解释变量：是否为技术或管理人员		
	(1)	(2)	(3)	(1)	(2)	(3)
高中学历 （1＝高中，0＝初中）	0.146 *** (0.011)	0.113 *** (0.010)	0.111 *** (0.009)	0.062 *** (0.003)	0.052 *** (0.003)	0.052 *** (0.003)
观测值	275891	275891	275891	275891	275891	275891
R^2	0.193	0.228	0.232	0.114	0.120	0.120

注：*、**、*** 分别代表10%、5%、1%的显著性水平；括号内为流入地（地级市）聚类的稳健标准误。模型（1）控制了被访者的户籍地（省份）固定效应、出生队列固定效应、就业行业的固定效应及数据调查年份的固定效应；模型（2）在模型（1）的基础上，进一步控制了被访者的个体特征，包括性别、年龄、户口类型、婚姻状况及流动范围；模型（3）又在模型（2）的基础上控制了流入城市的人口密度、第二和第三产业就业结构及人口自然增长率。

第三节 稳健性检验

"双差分"策略在控制随时间变化因素的干扰方面存在短板，劳动力市场表现的代理变量选择或许并不具有代表性，对分析队列的选择可能使结论具有偶然性，这些因素都会降低研究结论的可信性，因此笔者需要从模型设定、变量选择和数据与样本三个方面进一步探讨结论的稳健性。

一、双重差分倾向得分匹配 PSM－DID

尽管本书通过背景政策梳理，将样本限定在受改革开放和高校扩招影响的队列之间，尽可能排除那些造成对照组和干预组出现异质性变化的教育改革。但是，研究依然无法穷尽和排除其他同时影响学历水平和劳动力市场表现的随时间变化的因素，例如，不同时期产业发展政策、市场环境可能会反作用于教育发展的布局和结构选择，甚至是中等职业教育学校在就业市场化改革以后吸引力下降，在此之后毕业的中专学历群体能力普遍降低，劳动力市场表现下降，可能不是由政策本身导致，而是劳动力能力随时间发生了变化。尽管我们通过梳理改革背景、当事人访谈等多种渠道发现，中专学生能力普遍下降主要发生在 1999 年高校扩招和 2002 年左右取消入学成绩要求之后[①]。但笔者依然无法排除 1992 年中国开启市场化改革，多种所有制企业的发展，多样化就业机会的出现，以及国有企业本身效益不断下降，这些市场环境的变化有可能导致中专毕业生与普通高中、初中毕业生之间的变化趋势已经开始出现差异。

采用"双差分"策略，基本前提是干预组与对照组需要满足共同趋势的假设，即若不存在就业市场化改革，在不同队列中，中专毕业生与普通高中、初中毕业生之间的差异不会呈现系统性波动。但是从 1992 年就已经开始出现的经济体制转型来看，DID 策略有可能无法控制趋势不一致带来的干扰。因此，我们采用双重差分倾向得分匹配法，该方法由赫克曼等[②]（Heckman et al. , 1998）和布伦代尔等[③]（Blundell et al. , 2009）提出并不断发展，通过可观测特征匹配的方式使"双差分"策略满足共同趋势的假设。

我们采用双重差分倾向得分匹配法，其基本思路是在就业市场化改革以前的对照组中寻找劳动者 i，使其与就业市场化改革以后干预组中的劳动者 i 在可观测特征尽可能匹配，当劳动者个体是否受就业改革影响完

[①] 另外，通过查阅相关改革文件和当事人访谈，笔者发现，中等职业学校在就业市场化改革之后，实行"并轨"招生，至此才放松对农村生源的入学限制。而且在高校扩招之前，大量农村家庭还是倾向于让子女就读中等职业教育，掌握一技之长后尽快就业。因此，从各省实施就业市场化改革到高校扩招之间的这段时间，一般均衡效应还未完全形成，民众对中等职业教育依然保持热情，招生质量未出现明显下滑。

[②] Heckman, J. , H. Ichimura, and P. Todd, "Matching As an Econometric Evaluation Estimator". *The Review of Economic Studies*, Vol. 65, No. 2, 1998, pp. 261 – 294.

[③] Blundell, R. and Dias, M. , "Alternative Approaches to Evaluation in Empirical Microeconomics". *Journal of Human Resources*, Vol. 44, No. 3, 2009, pp. 565 – 640.

全取决于可观测特征时，匹配后的干预组和对照组之间是否受改革影响的概率就相等了，两者便具有可比性。这一方法能够应对干预组和对照组在受到就业市场化改革冲击以前就存在不同时间趋势的问题。

匹配的基本计算思路如下：首先，采用核匹配方法来确定权重，根据干预组变量与控制变量计算倾向得分；其次，计算中专学历劳动者的劳动力市场表现在改革前后的变化，并计算与其匹配的对照组（普通高中或初中学历劳动者）在改革前后劳动力市场表现的变化；最后，将干预组改革前后的变化减去匹配后对照组的变化，便可以得到就业市场化改革的平均处理效应。

表 6-3 为匹配样本双差分之后的结果，窗格 1 以中专学历群体为干预组、高中学历群体为对照组，就业市场化改革之前，中专学历劳动者与观测特征相近的高中学历群体相比，小时工资高出 10.2 个百分点，就业市场化改革后，中专学历比高中学历劳动者的小时工资仅高出 2.3 个百分点，因此，改革前后中专相对于高中的收入优势下降了 7.9 个百分点。关于成为技术或管理人员的可能性，改革前，中专比高中学历劳动者高出 9.9 个百分点，改革后高出 8.6 个百分点，因此，改革前后，中专学历劳动者成为技术或管理人员的可能性下降了 1.3 个百分点。我们可以发现，就业市场化改革虽然可能降低了中专劳动者岗位的技术含量，但其技术比较优势还是非常明显的。技术优势继续保持与工资大幅度下降之间形成反差，这反映了经济体制转型有可能也改变了技能回报率的结构。

表 6-3   PSM-DID 策略评估改革的影响效应

变量	改革前对照组	改革前干预组	改革前对照组与干预组之差	改革后对照组	改革后干预组	改革后对照组与干预组之差	双重差分
窗格 1 对照组：高中；干预组：中专							
小时工资对数	3.755	3.857	0.102 *** (0.008)	3.776	3.800	0.023 *** (0.007)	-0.078 *** (0.010)
观测值	35155	7811	42966	18577	9123	27700	70666

续表

变量	改革前对照组	改革前干预组	改革前对照组与干预组之差	改革后对照组	改革后干预组	改革后对照组与干预组之差	双重差分
是否为技术或管理人员	0.144	0.243	0.099 *** (0.004)	0.134	0.220	0.086 *** (0.004)	− 0.013 ** (0.006)
观测值	35155	7811	42966	18577	9123	27700	70666
窗格 2 对照组：初中；干预组：中专							
小时工资对数	3.615	3.856	0.241 *** (0.004)	3.639	3.799	0.160 *** (0.004)	− 0.081 *** (0.006)
观测值	160327	7812	168139	61698	9119	70817	238956
是否为技术或管理人员	0.079	0.241	0.162 *** (0.002)	0.080	0.220	0.140 *** (0.002)	− 0.022 ** (0.003)
观测值	160327	7812	168139	61698	9119	70817	238956
窗格 3 对照组：初中；干预组：高中							
小时工资对数	3.610	3.729	0.119 *** (0.003)	3.648	3.789	0.141 *** (0.005)	0.021 *** (0.005)
观测值	160395	35220	195615	61698	18575	80273	275888
是否为技术或管理人员	0.075	0.134	0.059 *** (0.001)	0.075	0.127	0.052 *** (0.002)	− 0.007 *** (0.002)
观测值	160395	35220	195615	61698	18575	80273	275888

注：匹配过程中，笔者同时控制了被访者的户籍地（省）、出生年份、调查年份、就业行业，以及性别、年龄、户口类型、婚姻状况、流动范围、流入地城市的人口密度（百人/平方公里）、就业结构（第二产业从业人员比重/第三产业从业人员比重）及人口自然增长率（‰）。

窗格 2 中，以中专为干预组、初中学历群体为对照组，通过匹配改革前后两组样本并进行双差分。研究发现，中专相对于初中学历群体的工资优势由改革前的 24 个百分点下降到改革后的 16 个百分点，岗位技术优势由 16 个百分点下降到 14 个百分点，下降幅度分别为 8.1 个百分点和 2.2 个百分点。

窗格 3 中，我们将高中学历群体当作干预组、以初中为对照组，对匹配后的样本采取双差分策略。结果显示，改革前后，高中学历劳动者相对于初中学历群体的工资优势增加了 2.1 个百分点，岗位技术优势略微下降了 0.7 个百分点，虽然显著，但效应量过小。普通最小二乘法结果也显示改革增加了高中学历群体的工资，但只是在添加控制变量前后，结果缺乏稳健性。

二、更换被解释变量

上文中笔者通过两个变量代理了劳动者的市场表现：小时工资对数、是否为技术或管理人员。但不排除就业市场化改革对中专学历群体的负向影响仅局限于这两个变量，即结论具有偶然性或选择性。因此，我们选择劳动者的月工资对数、休闲时间的支配①及是否参加城镇医疗保险②进一步证明就业市场化改革对中专学历劳动者的负向影响是存在普遍性的。

表6-4窗格1以中专为干预组、高中为对照组，模型（1）至模型（3）在分别添加控制变量后系数未出现显著变化，且结论与上文其他变量一致：与高中学历群体相比，中专学历群体的收入、个体人力资本再生产能力均出现下降。中专学历劳动者相对于高中学历群体，就业市场化改革使其月平均工资下降了6.6~7.5个百分点，该结果与小时工资对数的系数相差不大；休闲时间主要用于读书、锻炼身体等人力资本再生产的可能性下降了1.6~1.7个百分点，数据分析显示，中专学历群体业余时间主要用于读书、锻炼的占比从10%下降到5%左右，这反映了他们参加劳动之后人力资本再生产能力的下降；参加城镇医疗保险的可能性下降了3.2~4.8个百分点，显然，城市正规就业者通常需要参加城镇职工/居民医疗保险，这不仅反映了劳动者健康保障水平的下降，也反映了工作非正规性的提升。

---

① 国家卫计委流动人口监测数据在2011年和2012年的数据中均调查被访者业余时间的主要活动，我们将业余时间主要用于读书看报和锻炼身体的样本识别出来，标记为1，其他标记为0，以此来代表被访者人力资本再生产的水平。

② 国家卫计委流动人口监测数据在2010年、2011年和2013年的调查中均调查了被访者是否参加城镇职工/居民医疗保险，这不仅代表了流动人口在城市工作的正规性，也反映了劳动者健康人力资本的保障水平。

表 6－4　就业市场化改革对个人发展其他方面的影响

变量	被解释变量：工资对数			被解释变量：休闲时间是否主要用于读书、锻炼身体			被解释变量：是否参加城镇医疗保险		
	(1)	(2)	(3)	(1)	(2)	(3)	(1)	(2)	(3)
窗格 1 对照组：高中；干预组：中专									
就业市场化改革后×中专学历	-0.075*** (0.014)	-0.066*** (0.014)	-0.067*** (0.014)	-0.017** (0.007)	-0.016** (0.007)	-0.016** (0.007)	-0.048*** (0.013)	-0.032*** (0.011)	-0.033*** (0.011)
就业市场化改革后 (1＝是)	0.021* (0.012)	0.022* (0.012)	0.021* (0.011)	-0.011 (0.007)	-0.012 (0.007)	-0.012 (0.007)	0.011 (0.010)	0.007 (0.010)	0.007 (0.011)
中专学历 (1＝中专，0＝高中)	0.055*** (0.012)	0.062*** (0.011)	0.060*** (0.010)	0.015** (0.006)	0.015** (0.006)	0.015** (0.006)	0.134*** (0.011)	0.061*** (0.010)	0.059*** (0.010)
观测值	70735	70735	70735	22814	22814	22814	54580	54580	54580
R²	0.129	0.163	0.168	0.008	0.009	0.010	0.150	0.249	0.256
窗格 2 对照组：初中；干预组：中专									
就业市场化改革后×中专学历	-0.082*** (0.013)	-0.054*** (0.012)	-0.055*** (0.012)	-0.018** (0.007)	-0.018** (0.007)	-0.018** (0.007)	-0.070*** (0.013)	-0.038*** (0.012)	-0.037*** (0.012)
就业市场化改革后 (1＝是)	0.005 (0.012)	0.000 (0.010)	0.001 (0.010)	-0.003 (0.004)	-0.003 (0.004)	-0.003 (0.004)	0.014** (0.007)	0.011* (0.006)	0.012** (0.006)

续表

变量	被解释变量：工资对数			被解释变量：休闲时间是否主要用于读书、锻炼身体			被解释变量：是否参加城镇医疗保险		
	(1)	(2)	(3)	(1)	(2)	(3)	(1)	(2)	(3)
中专学历（1＝中专，0＝初中）	0.164 *** (0.018)	0.139 *** (0.016)	0.137 *** (0.016)	0.020 *** (0.006)	0.019 *** (0.006)	0.020 *** (0.006)	0.274 *** (0.014)	0.155 *** (0.011)	0.152 *** (0.012)
观测值	239030	239030	239030	74648	74648	74648	185292	185292	185292
R²	0.143	0.183	0.135	0.013	0.014	0.014	0.126	0.185	0.192
窗格 3 对照组：初中；干预组：高中									
就业市场化改革后×高中学历	-0.010 (0.009)	0.009 (0.009)	0.009 (0.009)	-0.002 (0.004)	-0.003 (0.004)	-0.002 (0.004)	-0.019 ** (0.008)	-0.001 (0.008)	-0.001 (0.008)
就业市场化改革后（1＝是）	0.004 (0.011)	-0.000 (0.009)	0.001 (0.009)	-0.005 (0.004)	-0.005 (0.004)	-0.005 (0.004)	0.013 ** (0.007)	0.009 (0.006)	0.010 (0.006)
高中学历（1＝高中，0＝初中）	0.103 *** (0.010)	0.076 *** (0.009)	0.075 *** (0.008)	0.001 (0.003)	0.001 (0.003)	0.001 (0.003)	0.132 *** (0.007)	0.077 *** (0.006)	0.075 *** (0.006)
观测值	275891	275891	275891	86124	86124	86124	213788	213788	213788
R²	0.143	0.181	0.183	0.011	0.012	0.012	0.118	0.183	0.190

注：*、**、***分别代表10%、5%、1%的显著性水平；聚类的稳健标准误；第（1）列控制了户籍地（省）固定效应、出生年份固定效应、调查年份固定效应、就业行业固定效应，第（1）列基础上控制了性别、年龄、户口类型、婚姻状况、流动范围，第（2）列基础上继续控制了流入地的人口密度（百人/平方公里）、就业结构（第二产业从业人员比重、第三产业从业人员比重），以及人口自然增长率（‰）。指号内为流入地（地级市）。第（1）列控制了户籍地（省）固定效应，第（2）列控制了户籍地（省）固定效应。

窗格 2 以中专为干预组，初中为对照组，结果显示，中专学历群体相对于初中学历的劳动者，就业市场化改革使其月平均工资下降了 5.4 ~ 8.2 个百分点，休闲时间主要用于读书、锻炼身体的可能性下降了 1.8 个百分点，参加城镇医疗保险的可能性下降了 3.7 ~ 7 个百分点。不仅结论与上文一致，而且系数大小也与窗格 1 的结果相近，有可能说明，窗格 1 和窗格 2 的结果都是改革对中专学历劳动者的影响，与对照组的选择没有关系。

窗格 3 的结果基本证实了这种可能性，结果显示，高中学历劳动者相对于初中学历群体，他们的月工资平均收入、业余时间支配及医疗保障水平在改革前后没有显著差异。尽管上文结论说明高中学历群体的劳动力市场表现似乎有些改善，但结论不太稳健，由于这一群体的变化属于改革的间接影响，可能传递和显现需要一段时间，因此，尽管结论不显著或不稳健，但不能否定高中学历群体劳动力市场表现、人力资本再生产及医疗保障水平会有改善的可能。

三、更换样本

在研究策略部分，根据历史发展背景和教育体制改革，我们将样本限定在 1978 年改革开放到 1999 年高校扩招之间入学的群体，这样尽量避免其他教育改革的干扰。但这也有可能引起质疑：中专学历群体的劳动力市场表现的下降可能是因为队列选择的偶然性导致。因此，我们使用全样本数据和"双差分"策略，取消队列选择后，进一步观察结论是否还成立。

表 6-5 中，窗格 1 的结果与上文研究结论一致，相对于高中学历劳动者，就业市场化改革导致中专学历群体小时工资下降了 8.2 ~ 10 个百分点，成为技术或管理人员的可能性下降了 3.4 ~ 4.1 个百分点；窗格 2 的结果显示，中专相对于初中学历群体小时工资下降了 9.7 ~ 14.1 个百分

点，工作岗位为技术或管理岗的可能性下降了4.5～5.9个百分点。与队
列选择之后的样本相比，全样本数据的研究结论与其一致，但系数普遍
偏大，这可能是由于全样本数据包含了其他教育改革的干扰，导致系数
存在被高估的风险。显然，这种干扰是存在的，例如，高校扩招后，优
秀的生源开始通过高中考取大学，而中等职业学校则逐步取消招生门槛，
甚至招收社会失业人员维持招生规模，其生源质量下滑势必会高估就业
市场化改革的影响。

表6-5　　　　　　就业市场化改革对劳动力市场表现的影响（全样本）

变量	被解释变量：小时工资对数			被解释变量：是否为技术或管理人员		
	（1）	（2）	（3）	（1）	（2）	（3）
窗格1 对照组：高中；干预组：中专						
就业市场化改革后×中专学历	-0.100*** (0.014)	-0.082*** (0.013)	-0.083*** (0.013)	-0.041*** (0.007)	-0.034*** (0.007)	-0.034*** (0.007)
就业市场化改革后 （1-是）	0.029*** (0.011)	0.028*** (0.009)	0.025** (0.010)	0.015** (0.006)	0.013** (0.006)	0.013** (0.006)
中专学历（1=中专，0=高中）	0.108*** (0.012)	0.101*** (0.012)	0.099*** (0.011)	0.085*** (0.006)	0.076*** (0.006)	0.075*** (0.006)
观测值	120624	120624	120624	120624	120624	120624
R^2	0.199	0.223	0.231	0.182	0.187	0.187
窗格2 对照组：初中；干预组：中专						
就业市场化改革后×中专学历	-0.141*** (0.015)	-0.097*** (0.014)	-0.097*** (0.014)	-0.059*** (0.007)	-0.046*** (0.006)	-0.045*** (0.006)
就业市场化改革后 （1=是）	0.016* (0.009)	0.008 (0.008)	0.009 (0.007)	0.005 (0.003)	0.003 (0.003)	0.003 (0.003)
中专学历（1=中专，0=初中）	0.263*** (0.020)	0.226*** (0.018)	0.223*** (0.017)	0.156*** (0.008)	0.135*** (0.009)	0.135*** (0.009)
观测值	347230	347230	347230	347230	347230	347230
R^2	0.210	0.242	0.245	0.117	0.124	0.124

续表

变量	被解释变量：小时工资对数			被解释变量：是否为技术或管理人员		
	(1)	(2)	(3)	(1)	(2)	(3)
窗格 3 对照组：初中；干预组：高中						
就业市场化改革后 × 高中学历	-0.035***	-0.009	-0.009	-0.022***	-0.016***	-0.016***
	(0.006)	(0.006)	(0.006)	(0.003)	(0.003)	(0.003)
就业市场化改革后 (1 = 是)	0.012	0.006	0.006	0.002	0.001	0.000
	(0.009)	(0.008)	(0.007)	(0.003)	(0.003)	(0.003)
高中学历 (1 = 高中, 0 = 初中)	0.144***	0.115***	0.113***	0.062***	0.051***	0.051***
	(0.011)	(0.010)	(0.009)	(0.003)	(0.003)	(0.003)
观测值	398710	398710	398710	398710	398710	398710
R^2	0.207	0.236	0.239	0.108	0.114	0.115

注：*、**、*** 分别代表10%、5%、1%的显著性水平；括号内为流入地（地级市）聚类的稳健标准误；第（1）列控制了户籍地（省）固定效应、出生年份固定效应、调查年份固定效应、就业行业固定效应，第（2）列在第（1）列基础上控制了性别、年龄、户口类型、婚姻状况、流动范围，第（3）列在第（2）列基础上继续控制了流入地城市的人口密度（百人/平方公里）、就业结构（第二产业从业人员比重/第三产业从业人员比重），以及人口自然增长率（‰）。

　　窗格 3 中，相对于初中学历群体，就业市场化改革对高中学历劳动者收入的影响不稳健，是否成为技术或管理人员的系数与基准模型一致，高中学历劳动者成为技术或管理人员的可能性有显著下降趋势。

第四节　证伪检验

　　表6-3显示，初中学历群体作为对照组，该群体的小时工资对数、成为技术或管理人员的可能性在就业市场化前后发生变化，笔者需要寻找另外一个没有受到改革影响的群体，观察初中学历群体与该群体在改革前后之间的差异，若差异不显著，即可认为表6-3中初中学历群体的均值波动与改革因素无关。

　　因此，本书将"小学及以下"学历劳动者作为对照组，初中学历群

体为干预组，观察初中相对于小学及以下学历在改革前后的变化。表6－6
结果显示，相对于小学及以下学历群体，就业市场化改革对初中学历劳
动者的小时工资收入、岗位的技术性影响不显著异于零。显然，初中学
历群体没有受到就业市场化改革的影响，是一个比较"干净"的对照组。

表6－6　　　　　　初中相对于小学及以下学历劳动者的变动

变量	被解释变量：小时工资对数			被解释变量：是否为技术或管理人员		
	（1）	（2）	（3）	（1）	（2）	（3）
就业市场化改革后 × 初中学历	－0.008 (0.011)	－0.000 (0.010)	－0.001 (0.010)	－0.002 (0.003)	－0.001 (0.003)	－0.001 (0.003)
就业市场化改革后 （1＝是）	0.017 (0.011)	0.006 (0.010)	0.008 (0.010)	－0.001 (0.003)	－0.002 (0.003)	－0.002 (0.003)
初中学历（1＝初中， 0＝小学/文盲）	0.155 *** (0.007)	0.111 *** (0.006)	0.110 *** (0.006)	0.028 *** (0.002)	0.019 *** (0.001)	0.019 *** (0.001)
观测值	294069	294069	294069	294069	294069	294069
R^2	0.161	0.218	0.220	0.021	0.031	0.031

注：*、**、***分别代表10%、5%、1%的显著性水平；括号内为流入地（地级市）聚
类的稳健标准误；第（1）列控制了户籍地（省）固定效应、出生年份固定效应、调查年份固定
效应、就业行业固定效应，第（2）列在第（1）列基础上控制了性别、年龄、户口类型、婚姻
状况、流动范围，第（3）列在第（2）列基础上继续控制了流入地城市的人口密度（百人/平方
公里）、就业结构（第二产业从业人员比重/第三产业从业人员比重）及人口自然增长率（‰）。

第五节
拓展：中等职业教育发展的未来

一、中等职业教育质量堪忧

（一）招生规模变化

上文中，我们将出生队列限定在1962～1984年，没有考虑高校扩招
以后入学的样本。在高校扩招后，中等职业教育的生源质量和招生人数

迅速下降，但国家也在 2002 年以后开始连续出台政策促进中等职业教育的转型升级①，实行"平均主义"的奖助学金资助，试图增加中等职业教育的吸引力，扩大招生规模。2006 年以后，国家开始建立和完善中等职业教育奖助学金资助体系。2006 年，财政部、教育部制定《关于完善中等职业教育贫困家庭学生资助体系的若干意见》，中等职业学校资助的对象覆盖所有一二年级农村在校生，资助标准为每人每年 1500 元，连续资助两年，以解决学生学习期间的基本生活需要。2010 年，国家颁布《2010~2020 年国家中长期教育改革和发展》，明确提出逐步实行中等职业教育免费制度。到 2013 年，财政部、教育部和人力资源社会保障部印发《中等职业学校免学费补助资金管理办法》，开始落实和执行"中职免学费"政策。图 6-1 显示，自 1999 年高校扩招以后，初中毕业生升入普通高中的比例持续增加，而升入中等职业学校的比例从 1995 年以后就持续下降，一直到 2001 年才开始增加，但到 2009 年中等职业学校入学率又出现下降。显然，自 2002 年以后国家出台的一系列政策使中等职业教

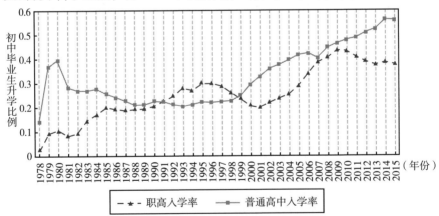

图 6-1　高中阶段不同教育类型的不同年份的初中升学比例

资料来源：《中国教育统计年鉴》（1978~2015 年）。

---

① 2002 年 7 月，国务院召开全国职业教育工作会议；同年，国务院发布《关于大力推进职业教育改革与发展的决定》，推进职业教育的管理体制和办学体制改革，使中等职业教育适应企业和社会实际的生产和发展需求。

育的招生规模有所提高，即使到 2006 年以后推行带有"平均主义"色彩的奖助学金激励，对招生吸引力的增加效果依然有限，而初中毕业生升入普通高中的比例却在不断增加。

（二）财政资金效率偏低

2006 年和 2007 年以后，国家开始通过加强财政投入和补贴的"强刺激"方式来扩大中等职业教育的招生规模，对"扩大规模"的追求远远超过"提升中等职业教育办学质量"的努力。笔者将高校扩招后到 2006 年高中阶段教育入学以前的队列作为对照组，考察 2006 年和 2007 年以后国家对中等职业教育的大规模投入和"强刺激"政策是否挽救了它的下滑趋势，是否使中专毕业生相对于普通高中毕业生的工资优势有所提升。

表 6－7 窗格 1 显示，与 1984～1991 年出生队列的中专毕业生和普通高中毕业生的差距相比，1992～1998 年出生队列的中专学历劳动者相对于高中学历劳动者的工资优势下降了 4.2～4.9 个百分点，其工作岗位的技能优势下降了 2.5～2.7 个百分点。但我们无法判断这一变化到底是由中专毕业生的劳动力市场表现下降引起，还是由普通高中学历劳动者的劳动力市场表现改善带来的。因此，需要引入"初中学历劳动者"作为参照组，剥离不同高中阶段教育类型的变动趋势。

窗格 2 中，1992～1998 年出生队列中，中专学历劳动者相对于初中学历劳动者的优势，与 1984～1991 年出生队列中中专学历相对于初中学历劳动者的优势相比，小时工资对数下降了 4.5～4.9 个百分点，工作岗位的技术和管理优势下降了 2.9～3.4 个百分点。与窗格 1 中交互项的系数相比，窗格 2 交互项系数在符号和数值大小上均未出现显著变化，这意味着中专学历相对于高中学历劳动者收入和岗位优势的下降可能主要是由中专学历本身下降所带来的。

窗格 3 则进一步证实了中专学历劳动者市场表现下降，而高中学历劳动者未出现显著变化的判断。1992～1998 年出生队列中高中学历劳动

者相对于初中学历劳动者的优势，与 1984～1991 年出生队列中高中学历
劳动者的优势相比，系数不显著异于零，小时工资和工作岗位的技术优
势均未发生显著变化。

基于上述结论可以发现：第一，中专学历劳动者比较优势的下降不
是由普通高中学历劳动者劳动力市场表现的改善所引起，而是中等职业
教育质量本身的下滑所造成的；第二，2006 年以后国家加大对中等职业
教育的财政投入，"平均主义"的政策刺激可能勉强为了招生规模增长的
趋势，大量财政资金被用于招生宣传，却忽视了中等职业教育质量的实
质性提高和办学模式的反思；第三，近年来，随着国家对中等职业教育
"平均主义"财政支持的效果的衰减，以及接受高等教育机会的增加，中
等职业教育的招生规模、办学质量和社会吸引力还将进一步下降，而民
众对普通高中的热情还会继续保持，对中职教育的抵触情绪可能还将持
续存在。

表 6-7　　　　　　　　　中等职业教育继续衰落的经验证据

变量	被解释变量：小时工资对数			被解释变量：是否为技术或管理人员		
	（1）	（2）	（3）	（1）	（2）	（3）
窗格 1 中专与高中比较						
出生队列：1992～1998年 × 中专学历	-0.042 ***	-0.045 ***	-0.049 ***	-0.027 **	-0.025 **	-0.025 **
	（0.013）	（0.013）	（0.014）	（0.011）	（0.011）	（0.011）
出生队列：1992~1998年（1 = 是；0 = 出生队列：1984～1991 年）	-0.575 ***	0.542 ***	0.564 ***	-0.023	-0.162 *	-0.161 *
	（0.184）	（0.202）	（0.198）	（0.041）	（0.087）	（0.086）
中专学历（1 = 是，0 = 高中）	0.017 ***	0.027 ***	0.025 ***	0.042 ***	0.041 ***	0.041 ***
	（0.006）	（0.005）	（0.005）	（0.005）	（0.005）	（0.005）
观测值	56592	56592	56592	59838	59838	59838
R^2	0.231	0.250	0.256	0.168	0.170	0.170
窗格 2 中专与初中比较						
出生队列：1992～1998年 × 中专学历	-0.049 ***	-0.045 ***	-0.047 ***	-0.034 ***	-0.029 ***	-0.029 ***
	（0.015）	（0.015）	（0.016）	（0.010）	（0.010）	（0.010）

续表

变量	被解释变量：小时工资对数			被解释变量：是否为技术或管理人员		
	（1）	（2）	（3）	（1）	（2）	（3）
出生队列：1992~1998 年（1＝是；0＝出生队列：1984~1991 年）	-0.438 *** (0.071)	0.731 *** (0.112)	0.739 *** (0.112)	-0.009 (0.021)	-0.233 ** (0.094)	-0.236 ** (0.094)
中专学历（1＝是，0＝初中）	0.106 *** (0.009)	0.117 *** (0.008)	0.114 *** (0.007)	0.083 *** (0.007)	0.077 *** (0.008)	0.078 *** (0.008)
观测值	123552	123552	123552	133038	133038	133038
R^2	0.246	0.270	0.273	0.120	0.127	0.127
窗格 3 高中与初中比较						
出生队列：1992~1998 年×高中学历	-0.008 (0.013)	-0.001 (0.013)	-0.000 (0.013)	-0.008 (0.007)	-0.006 (0.007)	-0.006 (0.007)
出生队列：1992~1998 年（1＝是；0＝出生队列：1984~1991 年）	-0.451 *** (0.067)	0.742 *** (0.107)	0.745 *** (0.107)	-0.008 (0.021)	-0.183 ** (0.084)	-0.184 ** (0.084)
高中学历（1＝是，0＝初中）	0.089 *** (0.008)	0.090 *** (0.008)	0.088 *** (0.007)	0.031 *** (0.004)	0.027 *** (0.005)	0.027 *** (0.005)
观测值	138966	138966	138966	149878	149878	149878
R^2	0.242	0.264	0.267	0.102	0.109	0.109

注：＊、＊＊、＊＊＊分别代表10%、5%、1%的显著性水平；括号内为流入地（地级市）聚类的稳健标准误；第（1）列控制了户籍地（省）固定效应、出生年份固定效应、调查年份固定效应、就业行业固定效应，第（2）列在第（1）列基础上控制了性别、年龄、户口类型、婚姻状况、流动范围，第（3）列在第（2）列基础上继续控制了流入地城市的人口密度（百人/平方公里）、就业结构（第二产业从业人员比重/第三产业从业人员比重）及人口自然增长率（‰）。

（三）高等教育发展对中等职业教育的进一步挤压

目前，民众投资普通高中的热情普遍高于投资中等职业教育，这种"普高热"不仅反映了民众人力资本投资的偏好，也反映了目前高等教育发展的客观形势。1999 年高校扩招后，普通高校招生人数不断增加，即使 2008 年以后高校招生规模增加速度有所放缓，但队列人口变化趋势也使得接受高等教育的机会越来越多。

人口规模在不同队列的变动客观上影响了接受高等教育的机会。图 6-2

采用 2005 年 1% 人口抽样汇总数据考察了不同队列的人口规模变动趋势，以 1961 年出生队列人口总数为 1，"三年困难时期"结束后，1961 年以后的出生队列人口规模迅速增加，直到 1970～1980 年国家提出"晚、稀、少"的人口升入政策①，队列人口规模开始下降，但由于人口惯性的影响，1984～1990 年出生队列的人口又不断增加，1990 年以后出生队列的人口规模不断下降。然而，高等教育的招生规模和指标通常根据社会经济发展的需要，人口规模在不同队列的变化可以看作是一个外生性的"调节"因素，显然，高校招生规模既定，适龄高考人口规模越大，个体接受高等教育的机会也就越低。

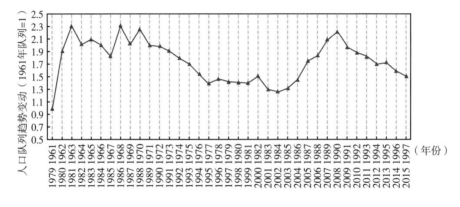

图 6 - 2　队列人口变动趋势

注：横轴中 1961～1997 年为出生队列，1979～2015 年为 18 岁参加高考的年份。
资料来源：《2005 年 1% 人口抽样汇编》。

在高等教育"大众化"发展的背景下，中等职业教育办学质量差，且缺少升入高等教育的渠道和机会，高校招生比例越高，中等职业教育的社会吸引力也就会越低，而队列人口的变动趋势使得接受高等教育的机会越来越大。图 6 - 3 中，实线代表了从 1979～2015 年对应年份的普通

---

① 1973 年，第一次全国计划生育工作提出"晚、稀、少"政策，并开始在全国范围内推行，控制人口规模也第一次出现在国家国民经济和社会发展五年计划中。1974 年，中共中央转发河北省《关于召开全省计划生育工作会议的情况报告》，赞同按"晚、稀、少"的原则颁布相关的婚育政策。

高校招生人数，以 1979 年高校招生人数为 1，从 1998 年开始，高校招生人数开始快速增加，但是到 2008 年以后，招生规模增加的速度开始放缓。然而，当我们将图 6 - 2 中的人口队列变动趋势作为权重[①]时，尽管 2008 年以后招生增速放缓，但对应的 1990 年以后出生队列的人口规模也在不断下降，因此，接受高等教育的机会实际上呈现"加速度"的增长趋势，而高校招生规模的增加主要来源于大专和高等职业教育院校的扩招。而中等职业教育缺乏升入高等教育的渠道，即使在中西部农村地区，通过大量财政补贴措施使农村适龄人口通过中等职业教育达到高中阶段学历水平，但在高等教育大众化的社会中，他们在劳动力市场上也可能因为特殊技能的贬值而迅速被边缘化。

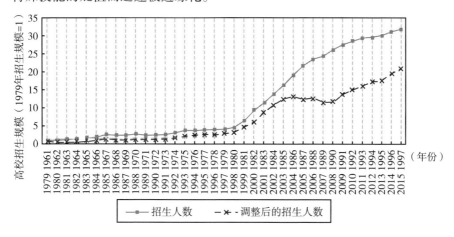

图 6 - 3　高校招生规模以及按队列人口调整后的规模

注：横轴中 1961 ~ 1997 年为出生队列，1979 ~ 2015 年为 18 岁参加高考的年份。

资料来源：对应年份《中国教育统计年鉴》。

二、劳动力市场表现的比较

上文笔者主要比较了招生就业"并轨"改革对高中阶段教育不同学

---

①　具体做法就是用 1979 ~ 2015 年对应年份的高校招生人数除以对应年份 18 岁人口规模，其中，1979 年高校招生人数和 1961 年人口队列规模均为 1。

历类型劳动者的影响，考察了改革前后增量的变化。但这并不能直接比较高中阶段教育中普通高中学历和中专学历劳动者的劳动收益率差异，可能后者的教育回报率虽然下降，但还是会显著高于前者，并且投资中等职业教育还是有效率的选择。

研究发现，高中阶段教育发展呈现出阶段性特征，尤其是中等职业教育的招生、就业及培养模式在改革开放和高校扩招前后都经历了大幅度改革，因此，在对比高中阶段教育不同学历类型劳动者的劳动力市场表现的差异时，我们也需要结合教育体制改革的阶段划分子样本来观察。表6-8的窗格1显示，1962~1975年出生队列中，在逐步控制了被访者个体、家庭和职业特征后，中专学历劳动者比高中学历劳动者的小时工资水平高出10~11.9个百分点，成为单位技术或管理人员的可能性高出7.4~8.7个百分点。显然，在全国范围内推行中等职业教育招生、就业"并轨"改革以前，中等职业教育学校培养出来的劳动者在劳动力市场表现优势突出。

窗格2中，1976~1983年出生队列对应了全国不同省份陆续实行中等职业教育招生就业"并轨"改革的"窗口期"，上文结果显示，改革使中专学历劳动者相对于高中学历劳动者的劳动力市场优势出现下降，但改革前后优势"增量"下降之后，本书需要进一步考察中专学历劳动者优势的"存量"。窗格2显示，改革期间，与普通高中学历劳动者相比，中专学历劳动者的工资收益率高出2.2~2.8个百分点，就业身份为技术或管理人员的可能性高出5.3~5.8个百分点。

窗格3中，1984~1991年出生队列对应着高校扩招至国家实施中等职业教育财政补贴之间的入学人口，中专相对于普通高中学历劳动者的市场表现存在显著的优势，但这一优势有前面的队列分组却继续保持下降趋势。与普通高中学历劳动者相比，中专学历群体的小时工资收益率高出1.4~2.5个百分点，成为技术或管理人员的可能性高出4.3~4.4个百分点。

　　窗格 4 中的被访者为 1992 ~ 1998 年出生队列群体，其中中专学历劳动者在入学时均受到奖助学金资助，甚至免学费上学，而普通高中则无任何奖助学金资助政策。结果显示，中专学历劳动者与普通高中劳动者相比，小时工资收益率不存在显著差异，但前者成为技术或管理人员的可能性高出 2.8 ~ 2.9 个百分点。但是，成为技术或管理人员能代表中专学历劳动者的技能水平更高吗？第五章中图 5 - 5 和图 5 - 7 显示，中专学历劳动者更有可能从事制造业，或成为一线生产操作人员，而普通高中学历劳动者从事餐饮和食宿等服务业，或成为自我经营劳动者；显然，"成为技术或管理人员"的衡量主要基于制造业等企业一线生产而言，而从事服务业或者成为自营劳动者对技能的需求通常是多方面的，且无法通过技能文凭体现出来，如经营、财务、营销和人际沟通等多方面技能。

表 6 - 8　　　　　　　不同队列分组的高中阶段教育收益率比较

变量	被解释变量：小时工资对数			被解释变量：是否为技术或管理人员		
	（1）	（2）	（3）	（1）	（2）	（3）
窗格 1 出生队列：1962 ~ 1975 年队列						
中专学历 （1 = 是，0 = 高中）	0.119 *** （0.014）	0.102 *** （0.014）	0.100 *** （0.014）	0.087 *** （0.007）	0.075 *** （0.007）	0.074 *** （0.007）
观测值	30145	30145	30145	30145	30145	30145
R^2	0.183	0.212	0.221	0.202	0.208	0.208
窗格 2 出生队列：1976 ~ 1983 年队列						
中专学历 （1 = 是，0 = 高中）	0.022 *** （0.008）	0.028 *** （0.008）	0.024 *** （0.007）	0.058 *** （0.005）	0.053 *** （0.005）	0.053 *** （0.005）
观测值	35518	35518	35518	35518	35518	35518
R^2	0.169	0.201	0.214	0.194	0.198	0.199
窗格 3 出生队列：1984 ~ 1991 年队列						
中专学历 （1 = 是，0 = 高中）	0.014 ** （0.006）	0.025 *** （0.005）	0.023 *** （0.005）	0.044 *** （0.006）	0.043 *** （0.005）	0.043 *** （0.005）
观测值	44471	44471	44471	44471	44471	44471
R^2	0.236	0.256	0.261	0.166	0.168	0.169

续表

变量	被解释变量：小时工资对数			被解释变量：是否为技术或管理人员		
	（1）	（2）	（3）	（1）	（2）	（3）
窗格4 出生队列：1992～1998 年队列						
中专学历 （1 = 是，0 = 高中）	0.007 （0.013）	0.016 （0.012）	0.014 （0.012）	0.029 *** （0.010）	0.028 *** （0.010）	0.029 *** （0.010）
观测值	7291	7291	7291	7291	7291	7291
R^2	0.202	0.222	0.229	0.184	0.185	0.186

注：*、**、*** 分别代表 10%、5%、1% 的显著性水平；括号内为流入地（地级市）聚类的稳健标准误；第（1）列控制了户籍地（省）固定效应、出生年份固定效应、调查年份固定效应、就业行业固定效应，第（2）列在第（1）列基础上控制了性别、年龄、户口类型、婚姻状况、流动范围，第（3）列在第（2）列基础上继续控制了流入地城市的人口密度（百人/平方公里）、就业结构（第二产业从业人员比重/第三产业从业人员比重），以及人口自然增长率（‰）。

第六节
总 结

本章评估了就业市场化改革对中专学历群体劳动力市场表现的影响，研究发现，随着社会经济体制逐渐由政府主导的计划经济体制转为以市场为主导的市场经济体制，劳动力市场更加灵活，技术更新速度加快，产业也不断转型升级，在这种经济背景下，中等职业教育培养的特殊技能折旧率增加，相对于高中或初中学历群体，中专学历劳动者的工资收益率和就业岗位的技术性都不断下降，但这只是就业市场化改革对中专学历群体劳动力市场表现的冲击效应。第六章的政策内涵主要是针对不同技能结构、高中阶段教育结构在市场化改革和产业转型升级背景下的收益率变化及适应能力，并没有对中等职业教育和普通高中本身的教育收益率进行比较。

在拓展研究部分，笔者通过观察 2006 年国家对中等职业教育实施奖助学金资助计划前后高中阶段不同学历类型劳动者的市场表现，并且根据教育改革的阶段，分队列观察了不同队列分组内中专学历劳动者相对于高中学历劳动者的差异。尽管国家对中等职业教育实施了慷慨的财政资助，试图增加中职教育招生规模，增强社会吸引力，但是"平均主义"的财政支持计划可能带来了"道德风险"问题，地方中等职业学校将办学精力放在扩大招生规模上，甚至不乏出现"虚假学额"骗取国家财政补贴的现象，反而导致了中等职业教育办学质量的进一步下滑，结果显示，1991年以后出生队列的中专学历劳动力的市场表现进一步下降，而普通高中劳动者的市场表现在1991年队列前后未出现显著差异。中专学历劳动者相对于高中学历群体的收益率优势不断下降，一直下降到与普通高中劳动者不存在显著差异，但中专学历劳动者的培养所占用的财政性教育经费却大于对普通高中劳动者的培养。

第七章 研究结论与政策建议

第一节 研究结论

一、不同技能类型的投资与回报

　　劳动力市场的灵活性影响了不同岗位、职业和行业的相互转换的效率，而这种就业转换造成了特殊技能与一般技能的收益率的差异，收益率差异进一步形成了劳动者技能选择的价格信号。当劳动力市场对人力资本的配置效率偏低时，劳动力市场缺乏竞争性，政府作为资源配置的基础，直接根据生产的需要培养专业技能人才，然后将其安置在特定工作岗位上，就业转换的难度较高，此时，劳动者倾向于接受职业教育以增加特殊技能，并且在稳定的工作岗位上通过"干中学"不断提升生产效率。每个职业和行业如同隔绝的"孤岛"，在每个"孤岛"上的人只需要掌握能够在本岛上生存下来的技巧，并不断将其改进，便可以获得更有质量的生活。

　　但是当市场经济体制不断完善，劳动力市场对劳动力的供给和需求的匹配也更加灵活时，如同每个小岛的联系越来越多，而且个体根据自身人力资本禀赋和生存环境的变化，随时会选择到更适宜的小岛上生存，此时，掌握所有岛屿共同的生存技巧就变得尤为重要。此时，如果在本应该侧重基础知识、基本方法积累的时候，劳动者选择接受了过于专业化、适用领域过窄的技能培训后，一旦技术更新导致该岗位、职业被替代，在就业转换过程中，劳动者原有的特殊技能就可能面临大幅度贬值，而且重新掌握其他特殊技能的难度也会增加。反而是掌握一般技能的劳动者，既有利提升当前的工作效率，当面临就业转换时，一般技能不仅不会贬值，而且还能够提升掌握其他职业、行业特殊技能的效率。

中国目前还处在产业转型升级和技术快速发展的时期，职业和行业变动比较频繁，而且互联网技术也在不断提高劳动力供给与需求的匹配效率和弹性，将零散化的劳动力供给与多样化的产品、服务需求匹配起来，理性的劳动者会在新的经济形势下寻找收益率最高的就业机会。因此，他们也更倾向于提升自身的一般技能，提高对不同岗位、职业的适应和转换能力。

二、就业市场化改革对中等职业教育回报率的影响

中国在20世纪90年代开始向市场经济体制转变，逐步建立了灵活的劳动力市场，政府主导的就业向市场化自主择业的转型也直接促成了中等职业教育毕业生就业环境的变化。在计划经济体制下，政府根据生产的需要制订人才和技能的培养计划，然后由教育部门和国家计委统一编制大中专院校招生计划，"招生即招工"，劳动者只要被录取并掌握一技之长，就可以被国家安置到特定岗位上，个体自主择业和职业转换的可能性较低。20世纪90年代的中等职业学校招生就业"并轨"改革，改变了以往"招生即招工"的模式，地方教育部门统一招考、不负责就业，毕业生在劳动力市场上竞争上岗、自主择业。这一就业模式的转变发生时间较短，对于个人的技能选择来说是外生的，劳动者很难在较短的时间内调整技能投资策略，从而迅速适应外部市场的变化。

就业市场化的外生冲击降低了中等职业教育毕业生的劳动力市场表现，降低了他们的工资收益率和工作岗位的技术含量。中专学历劳动者相对于高中学历群体的小时工资优势在改革后比改革前下降了7.9~9.2个百分点，就业岗位的管理和技术优势也下降了1.6~2个百分点。当笔者使用其他衡量劳动力市场表现的变量时，结论也依然成立，与改革前相比，中专劳动者相对于初中学历群体人力资本再投资的可能性下降了1.6~1.7个百分点，参加城镇医疗保险的可能性下降了3.2~4.8个百分点，月平均收入下降了5.4~8.2个百分点。采用其他模型后，就业市场化改革降低了中专学历群体劳动力市场表现的结论依然稳健且成立。

三、就业市场化改革对普通高中教育回报率的影响

研究发现，中等职业教育就业市场化改革对高中学历群体劳动力市场表现的影响不稳健。灵活的劳动力市场似乎增加了他们的工资收益率，但随着采用不同的控制变量和估计模型，估计结果也会变得不再显著；但关于工作是否为技术或管理岗位，结果显示改革前后工作岗位的技术性未出现显著变化，但似乎存在下降的趋势。

按照"市场结构与技能选择"理论，普通高中教育提升了劳动者的一般技能水平，劳动力市场灵活性的增加及技术的快速更新，有利于提高一般技能的回报率。而数据结果显示，高中学历群体的劳动力市场表现在就业市场化改革前后未出现显著的差异，这可能说明普通高中教育缺少专业技能的培训，毕业生走向劳动力市场后主要从事住宿、餐饮等服务业，无法从事技术复杂的生产性劳动；另外，我国针对普通劳动者的技能培训和再教育比较落后，普通高中劳动者走向劳动力市场后也缺少接受特殊技能培训的途径，这也进一步限制了他们比较优势的发挥。

政策建议

一、根据经济发展阶段加强对高中阶段教育结构的制度设计

（一）降低中等职业教育在正规教育体系中的比重

个体 16～18 岁正值个人价值观、知识素养积累和养成的关键时期，这期间掌握读写、算数、外语等基本能力和基本方法虽然不能直接用于实际生产，但却可以为他们未来学习特殊技能提供基本的知识储备。然而，在基础知识形成和积累的关键阶段，让个体学习和掌握专业化的生产技能，这种人力资本投资是短视的，不利于个体形成具有可持续发展的能力。长期来看，技术进步和产业结构升级会导致某些工作岗位、行业面临被取消或被替代的风险，那些仅掌握特殊技能的劳动者一旦面临工作转换或者失业后，很难在其他行业快速找到新的就业机会，造成严重的失业问题，反而不利于产业结构的升级和调整。

教育部门可以降低中等职业教育在正规教育体系中的比重，使其逐渐过渡为社会化技能培训教育。第二次世界大战以后，美国就将中等职业教育从正规教育体系中取消，中等职业教育不再作为一种独立的学历教育，而是转变为社会化的职业培训。高中毕业生及社会普通劳动者，他们会根据自己的就业意向到职业学校学习特殊技能，这些能直接应用到生产的技能可以帮助他们实现顺利就业。

（二）中等职业教育作为普通高中教育的重要补充

普通高中侧重于培养学生的知识素养、基本能力和基本方法，这些一般技能并不能直接帮助受教育者找到特定的工作，而建立在普通高中

基础之上的职业培训，有利于高中毕业生顺利实现就业，并将一般性技能转化成生产率提高的动力。可以说，中等职业教育是连接普通高中教育和劳动力市场的桥梁，有利于提高一般技能与劳动力市场需求匹配的效率。

因此，我们需要调整中等职业教育的定位，使其成为普通高中教育的补充。目前在美国就是将职业教育内容植入普通高中课程当中，作为普通高中教育的补充部分，帮助学生进行职业发展定位，那些没有升入高等教育的劳动者可以选择去职业技术学校接受特殊技能培训，然后再到劳动力市场上寻找工作。

建立以普通高中为主的正规学历教育体系，加强职业技能培训在就业公共服务体系中的作用。职业教育要为十年后及更长远的产业转型储备技能和人才，在高中阶段，国家应建立以普通高中为主的正规教育，改变当前以中等职业教育为基础普及高中阶段教育的做法，逐渐降低职业教育在正规教育体系中的比重。同时，为应对产业转型过程中特殊技能加速折旧，政府应建立以职业技能培训为主的就业服务体系，通过财税激励手段，鼓励高精尖技术企业加入社会化特殊技能培训体系，提高职业教育和技能培训在就业公共服务中的比重及质量，使劳动者更加便捷地获得市场亟须的特殊技能。

（三）举办"综合高中"，促进"职普融合"

20 世纪 90 年代，我国也逐步探索举办"综合高中"，但是由于缺少相关的配套制度，导致综合高中一直没有取得进展。综合高中兼具普通高中的升学导向，又具备职业教育的就业导向，受到地方教育部门的重视。1992～1995 年，全国多地都尝试举办综合高中。1998 年，教育部在《面向 21 世纪教育振兴行动计划》中也提倡社会经济发达的地区探索发展综合高中。但是综合高中的探索缺少资金支持，也没有相关的配套政策，综合高中既缺少兼具普通高中和职业高中特点的师资力量，也缺少相关的教材，更缺乏配套的升学考试制度。综合高中毕业生还是要选择和其他普通高中毕业生一起参加高考，因此，综合高中的优势并不突出，该类教育一直没能成为高中阶段重要的教育类型。

21世纪第二个10年，随着中等职业教育的社会吸引力进一步下降，中央政府对中等职业教育财政支持的政策效果也呈现出边际递减的趋势，目前全国多地均在探索"职普融合"的发展模式。《国家中长期教育改革和发展规划纲要（2010—2020）》提出要发展多样化的高中教育，而职普融合便是实现多样化办学的重要途径。如果要落实这一发展思路，国家应当在培养方案、财政性教育经费拨付及升学考试方面实施相应的配套制度，增强该类教育的社会吸引力。

二、提高财政资源的分配和使用效率

（一）提高财政性教育投入资金的使用效率

高校扩招后，大量初中毕业生源流向普通高中，中等职业学校招生规模不断下降，而教育部门为了追求普职招生"一比一"的标准，通过行政命令的方式要求地方必须完成"普职相当"的任务。行政命令的过度干预导致中等职业学校过度追求招生规模，而招生规模和在校生人数成为衡量中等职业学校办学成果的重要指标之一，这也与地方教育部门和中等职业学校管理者的晋升直接挂钩。因此，原本用于提升中职教育质量的财政资金被消耗在招生和争取生源上，基层教育部门和学校管理者无心反思办学模式，也无力改变教育质量。

国家教育和财政相关部门应当加强对中等职业教育财政经费使用的监管，并重新设计资金使用方案。财政性教育经费使用的重心应当转移到提升教育质量上，探索"校企合作""职普融合"等多种教育模式，提升毕业生的就业质量，拓宽中等职业学校毕业生的升学渠道，这样才能最终提高社会认可度和办学的社会效益。

（二）建立中西部农村地区普通高中的奖助学金体系

2010 年以来，国家加大了对中等职业教育的经费投入规模，也实施了"慷慨"的财政补贴计划。关于生均公共财政预算公用经费的支出情况①，2010 年，中等职业学校的支出规模为 1468.03 元，普通高中为 1071.78 元；到 2016 年，中等职业教育的支出规模增加至 4778.79 元，增长了 2.26 倍，普通高中为 3198.05 元，增长了 1.98 倍；并且，国家还单独拿出 100 亿元资金用于重点中等职业学校建设，在免除所有在校生学费的基础上，每年还生均补贴 1500 元，而普通高中没有相关的奖助学金计划。

自 2006 年以来，中央逐步建立了"平均主义"色彩的中等职业教育奖助学金资助体系，到 2012 年以后基本实现中等职业教育免费，而且每一个在校生还会获得财政补贴，这种"平均主义"的资金分配方式不仅造成了财政资金利用效率低下，还引发道德风险问题。自 2010 年以后，媒体上频繁曝光地方中等职业学校虚假招生，临时雇佣社会人员充当在校生骗取国家财政补贴。同时，不少中等职业学校为了套取更多财政资金，虚假、夸大招生，导致社会信任度、吸引力进一步下降。

在中西部农村地区，家庭预算约束依然是个体教育投资的重要参考，国家通过财政手段增加中等职业教育的补贴，试图通过扩大中等职业教育规模在中西部农村地区实现高中阶段教育的基本普及。即便是在中西部农村地区，适龄人口也更倾向于就读普通高中，试图通过高考来接受高等教育。但普通高中却缺乏必要的奖助学金，使家庭困难的学生只能选择中等职业教育，也因此失去了接受高等教育的机会。国家政策意图

---

① 关于生均公共财政预算教育事业费支出情况：2010 年，中等职业学校为 4842.45 元，普通高中为 4509.54 元；到 2016 年，中等职业学校为 12227.70 元，普通高中为 12315.21 元。详情请参照教育部、国家统计局和财政部每年发布的全国教育经费执行情况统计公告，http://www.moe.gov.cn/srcsite/A05/s3040/201710/t20171025_317429.html。

与民众的投资意愿存在不一致，而且这种不一致在近些年愈发突出。

（三）奖助学金与学生家庭特征和学业特征挂钩

改变"平均主义"的奖助学金计划，将资助瞄准困难家庭学生。目前在全国开展脱贫攻坚过程中，为了提高精准扶贫的效率，基层管理部门对贫困家庭建档立卡，这些部门信息可以作为资助高中阶段教育家庭困难学生的重要依据。中等职业教育"大水漫灌"式的奖助学金资助体系只是"锦上添花"，前面的研究也证实它并没有阻止中等职业教育的衰落。因此，教育管理部门可以集中奖助学金，重点资助家庭困难学生，并且将富余的资金资助那些贫困的普通高中在校生。

奖助学金与学生的学业水平和在校表现挂钩，提高奖助学金的激励效果。国内多家研究机构的实地调研发现，部分中等职业学校类似"成人托儿所"，在校生既没有学业考核压力，也没有竞争性学习的氛围，学校管理者只保证在校生的安全，并没有动力优化学习氛围，改进教学办法。因此，可以尝试建立基于学生学业水平、在校表现和工作实习成果的奖学金计划，激励在校生形成积极上进、具有竞争意识的学习氛围，激发个体主动学习的积极性。

三、提高中等职业教育办学质量

（一）反思和整改当前的办学模式

教育部门和中等职业学校应当改变目前以简单的招生规模与就业率来衡量办学水平。为了扩大招生规模，大量教育财政经费被用于生源争夺和招生宣传上，招生数量的增加在一定程度上是以牺牲教育质量为代价。而目前中等职业学校所标榜的"高就业率"，其实也并不能反映办学水平，大量毕业生被推荐到流水线式的加工制造业，工作内容也多与所学专业关系不大，而且工作内容也和初中毕业生没有太大区别。

反思"顶岗实习"的学生工制度，中等职业学校应当改变"劳务中介"的身份。在东南沿海地区制造业面临"用工荒"以后，中西部地区的中等职业学校就开始以"顶岗实习""校企合作"的名义，将在校生送到东南沿海地区的制造业"实习"，从中赚取劳务中介费用。2005 年之后，国家也出台政策鼓励中等职业学校与地方企业合作，在全国范围内推行"顶岗实习""校企合作"模式，但由于参与合作的企业大多数为劳动密集型加工制造业，并没有一定的技术含量，到企业实习的学生工也被当作廉价劳动力使用，而学生发现工作技术含量低且与所学专业无关后，也都纷纷辞职，导致地方上的"校企合作"难以为继，且形式大于内容。

（二）鼓励高新技术产业和企业办学

中等职业教育的办学主体应该由政府改为高新技术行业的行业协会或企业。中等职业学校的教学设备和技术要紧跟经济社会发展的需要，技术更新和产业升级以后，学校的教学设备也需要随之更新，显然政府主办的中等职业学校并没有能力实际更新教学设备和技术，导致培训内容落后，效率低下。如果由高新技术行业的行业协会或企业来举办职业技术学校，政府予以一定的补贴，而企业的职业技能培训，也是员工培训，因此企业也有动力和条件根据技术的进步及时更新生产设备和工艺。

高新技术行业的行业协会或企业办学有利于调动民间资本参与教育，扩大职业教育的资金来源和投入规模，这也是西欧发达国家的职业教育成功发展的经验之一。目前我国中等职业教育的办学主体主要为政府部门，尽管在 2010 年以后国家逐步放开并鼓励民办中等职业学校发展，但这些民办学校的办学动机和收入来源还主要是丰厚的财政补贴。高新技术行业的行业协会或企业直接作为中等职业学校办学主体的情况比较少见[①]，因此，国家应当出台相应的免税或财政补贴政策，鼓励具备先进生

---

① 但大型企业举办高等职业技术学校的情况比较多见，如南山集团、五征集团和三一集团等国内大型制造业企业都开办了高等职业技术学校，毕业生均获得国家承认的大专学历。

产技术的企业主动承担中等职业教育的社会责任。

（三）政府主办"救济性"中等职业教育

中等职业教育中核心的技能教育应该交给市场，由技术先进的企业或行业协会来承担技能培训的任务，但政府也应当主动承担起市场可能失效的中等职业教育类型，即"救济性"的过渡制教育。针对学习能力较低或存在障碍的学生，政府可以举办一些"救济性"的职业教育学校，使其掌握简单的生产和操作技能，具备生存的一技之长。显然，我国目前大部分的中等职业教育都有这种"救济性"中等职业教育的特点，成为收纳中考失利者、学习困难者的无奈选择，这种办学定位也注定得不到社会广泛的认可。

四、普及高中阶段教育过程中促进地区协调发展

（一）增加中西部农村地区的普通高中招生

国家应当加强对中西部农村地区普通高中的支持力度，增加学位、师资配备及改善硬件设施，适当转变目前对中等职业学校"大水漫灌"式的财政补贴，将资金的重点转向普通高中，并对那些未升入大学的高中毕业生开展职业培训。中等职业教育"平均主义"的奖助学金政策效果有限，而且成为滋生"寻租""骗取补贴"的温床；而普通高中属于自费式教育，并且为了准备高考，家庭和个人还得单独支付教辅资料等费用，对于贫困家庭来说，这是一笔不小的开支，显然，对于困难家庭普通高中在校生的资助还做得不到位。

转变地方教育部门的办学理念，减少教育政策本身对中等职业教育的歧视。地方教育部门对于扩大中等职业教育招生规模有较高的积极性：首先，将学业成绩差的学生分流到中等职业学校，客观上就保证了普通高中的"精英化"，有利于集中优质师资提高高考升学率；其次，国家针

对中等职业教育招生有较高的财政补贴，扩大中职招生不仅可以获得转移支付，而且在校生作为廉价劳动力，成为本地招商引资的重要筹码。由此，中等职业教育的社会认可度较低也就在所难免。

（二）提高中西部农村学龄人口的升学机会

在地区间教育发展失衡的现实下，中西部农村地区高中毕业生升入大学的比例不断降低，这也降低了个体的教育期望，因此，教育部门在高考录取中应当向中西部农村地区生源倾斜。增加高中阶段教育升学的机会，拓宽毕业生的升学渠道，有利于提高农村家庭和个人教育投资的积极性，增加他们高中阶段教育的需求，这样才能够进一步推进高中阶段教育的普及。

（三）提升中西部农村小学和幼儿园办学质量

通过政策和财政补贴支持中西部地区高中阶段教育的发展，其实质是一种"止损"和"弥补"行为。长时间的地区发展失衡，导致中西部地区学龄人口长时间得不到优质的基础教育；进城务工人员随迁子女教育问题及留守、寄宿和流动儿童的成长发展问题突出；这些制度成本最终转嫁到学龄儿童身上，降低了他们人力资本积累的质量。现阶段为了基本普及高中阶段教育，国家加强对中西部地区高中阶段学龄人口的财政补贴，在一定程度上是在弥补他们所承担的制度成本。

但是，治本之策还是要从基础教育的初级阶段，甚至是从生命周期的早期阶段，开始改善适龄人口的人力资本积累环境和条件。目前中西部地区流动人口比例高，婴幼儿早期成长发育期间，他们无论随外出打工的父母一起，还是留在农村由祖父母隔代抚养，由于得不到监护人正确的喂养，在生命早期的成长发育上就落后于城市同龄人。而目前中西部农村小学教育集中办学，大量低学龄儿童被迫选择寄宿，而寄宿制学校硬件设施和生活老师服务等不完善，无法为他们提供正常的看护，也阻碍了他们的人力资本。若在生命周期的早期阶段和基础教育的初级阶段，适龄人口在人力资本积累的效率和效果上就已经落后，那么就无法从根本上提升他们未来接受高中阶段教育的能力。

第三节
总　结

中等职业教育不是未来普及高中阶段教育发展的方向，随着技术进步，单一的中等职业教育会降低劳动者的市场竞争力和工作转换能力，不利于产业结构的升级和调整。本书利用 20 世纪 90 年代的中等职业教育就业市场化改革做外生冲击，研究了市场灵活性增加对特殊技能和一般技能回报率的影响，与"市场结构与技能选择"理论的分析一致，劳动力市场配置效率的增加也提高了劳动者就业行业和职业转换的可能性，特殊技能不利于提高劳动者的工作转换效率，导致他们的收益率有所下降。

普通高中阶段教育要兼具"基础教育"和"职业教育"的双重特征，也要同时具备"升学"和"就业"的双重功能，只有同时兼顾才能促进高中阶段教育的健康发展和普及。目前相关教育部门以财政补贴和行政指令的方式，通过扩大中等职业教育的招生规模来实现基本普及高中阶段教育的目的，这一种追求政绩的"短视"行为，并不能真正提高适龄人口的知识素养和长远的就业能力，在未来技术和产业升级过程中，有可能会被替代或者被边缘化。教育部门应当注重普通高中教育中的知识素养和人格方面的教育，培养个人未来的发展具备可持续发展的动力，同时将职业教育作为补充培训内容，提高高中毕业生的市场适应能力，帮助他们顺利实现就业。

参 考 文 献

［1］《2012 中国中等职业学校学生发展与就业报告》编写组：《2012 中国中等职业学校学生发展与就业报告》，外语教学与研究出版社 2013 年版。

［2］安徽省教育委员会：《落实〈纲要〉精神 实行中专招生"并轨"改革》，载于《中国职业技术教育》1997 年第 7 期。

［3］鲍有悌：《三省市乡镇企业发展外向型经济调查》，载于《宏观经济管理》1988 年第 9 期。

［4］蔡宝培：《农村教育改革的重点在初中》，载于《人民教育》1989 年第 11 期。

［5］蔡昉：《理解中国经济发展的过去、现在和将来——基于一个贯通的增长理论框架》，载于《经济研究》2013 年第 11 期。

［6］蔡昉：《中国经济改革效应分析——劳动力重新配置的视角》，载于《经济研究》2017 年第 7 期。

［7］蔡昉、Richard Freeman：《中国就业政策的国际视角》，载于《劳动经济研究》2014 年第 5 期。

［8］蔡昉、王美艳：《中国人力资本现状管窥——人口红利消失后如何开发增长新源泉》，载于《人民论坛·学术前沿》2012 年第 4 期。

［9］曹晔：《当代中国中等职业教育》，南开大学出版社 2016 年版。

［10］陈光金、黄平、李培林、汝信、陆学艺：《2006 年：中国社会形势分析与预测》，社科文献出版社 2006 年版。

[11] 陈乐乐:《中等职业教育三十年探究》,人民日报出版社 2016 年版。

[12] 陈茜:《德国双轨制职业教育对德国经济的影响及启示》,华东师范大学博士论文,2016 年。

[13] 陈伟、乌尼日其其格:《职业教育与普通高中教育收入回报之差异》,载于《社会》2016 年第 2 期。

[14] 都阳、曲玥:《劳动报酬、劳动生产率与劳动力成本优势——对 2000—2007 年中国制造业企业的经验研究》,载于《中国工业经济》2009 年第 5 期。

[15] 杜小玲:《探析中职学校学生流失率高的原因》,载于《现代职业教育》2016 年第 5 期。

[16] 二十一世纪教育研究院:《农村教育向何处去:对农村撤点并校政策的评价与反思》,北京理工大学出版社 2013 年版。

[17] 甘丽华:《部分民办中职成了骗取国家助学金的"提款机"》,载于《中国青年报》(数字化报纸),2010 年 8 月 2 日。

[18] 顾静华:《中职教育的扩张及影响》,引自杨乐乐:《中等职业教育三十年探究》,人民日报出版社 2016 年版。

[19] 郭福昌:《中国农村教育年鉴(1980 – 1990)》,山西教育出版社 1999 年版。

[20] 国家教育委员会职业技术教育司:《中国职业技术教育简史》,北京师范大学出版社 1994 年版。

[21] 韩凤芹:《中职免学费"一刀切"结果事与愿违》,载于《中国青年报》,2016 年 8 月 8 日第 11 版。

[22] 和震:《我国职业教育政策三十年回顾》,载于《教育发展研究》2009 年第 3 期。

[23] 霍益萍、朱益明:《中国高中阶段教育发展报告.2014》,华东师范大学出版社 2015 年版。

[24] 教育部：《严查中等职业学校学生双重学籍虚假学籍》，载于《中国教育报》2016 年 3 月 30 日第 1 版。

[25] 《教育部：教育产业化会毁掉中国教育》，载于《中国教育信息化》2005 第 12 期。

[26] 教育部计划财务司：《中国教育成就：1949－1983 统计资料》，人民教育出版社 1984 年版。

[27] 金辉：《多渠道集资是发展农村教育的必由之路》，载于《教育与经济》1985 年第 1 期。

[28] 李俊：《德国职业教育的想象、现实与启示——再论德国职业教育发展的社会原因》，载于《外国教育研究》2016 年第 8 期。

[29] 李实、丁赛：《中国城镇教育收益率的长期变动趋势》，载于《中国社会科学》2003 年第 6 期。

[30] 李莹、丁小浩：《中等职业教育毕业生待业时间的生存分析》，载于《教育与经济》2008 年第 2 期。

[31] 廖其发：《改革开放以来我国普及义务教育的回眸》，载于《西南大学学报（社会科学版）》2008 年第 5 期。

[32] 刘丽群：《我国综合高中发展的现实问题与路径选择》，载于《教育研究》2012 年第 6 期。

[33] 刘明兴、田志磊、王蓉：《中职教育的中国路径》，载于《基础教育论坛》2014 年第 5 期。

[34] 刘万霞：《职业教育对农民工就业的影响——基于对全国农民工调查的实证分析》，载于《管理世界》2013 年第 5 期。

[35] 刘英杰：《中国教育大事典（1949－1990)》，浙江教育出版社 1993 年版。

[36] 刘志雄、卢向虎：《农村产权制度改革与农产品市场发育的理论与经验分析：1979－1984》，中国制度经济学年会会议论文，2005 年。

[37] 龙怡：《普及高中教育的经济学分析：经济增长、人力资本需

求与教育政策制定》，载于《当代教育科学》2016 年第 10 期。

[38] 陆晔：《"用工荒"背景下中等职业教育校企合作的契机与对策》，华东师范大学博士论文，2013 年。

[39] 栾江、陈建成、李强、何忠伟：《高中教育还是中等职业教育更有利于增加西部地区农村劳动力非农收入？——基于异质性的处理效应估计》，载于《中国农村经济》2014 年第 9 期。

[40] 罗纳德·哈里·科斯、王宁：《变革中国：市场经济的中国之路》，中信出版社 2013 年版。

[41] 宁光杰、李瑞：《城乡一体化进程中农民工流动范围与市民化差异》，载于《中国人口科学》2016 年第 4 期。

[42] 潘毅、陈玮：《新"世界工厂"下的学生工》，载于《中国公共政策评论》2012 年第 6 期。

[43] 庞明星：《农民集资办学是农村教育发展的方向》，载于《河北师范大学学报（社会科学版)》1985 年第 1 期。

[44] 田纪云：《改革开放的伟大实践》，新华出版社 2009 年版。

[45] 万广华、孟全省、孔荣：《作为非正式部门的乡镇企业与就业的关系研究》，载于《中国人口科学》2006 年第 2 期。

[46] 王静静：《我国中等职业教育财政制度研究》，东北师范大学博士论文，2014 年。

[47] 王星霞、高广骅：《我国中等职业教育发展的行政逻辑：表现、困境与超越》，载于《职教论坛》2017 年第 22 期。

[48] 魏万青：《中等职业教育对农民工收入的影响——基于珠三角和长三角农民工的调查》，载于《中国农村观察》2015 年第 2 期。

[49] 温铁军：《八次危机：中国的真实经验：1949－2009》，东方出版社 2013 年版。

[50] 吴天石：《江苏的农业中学》，载于《人民教育》1958 年第 5 期。

[51] 吴延兵：《中国式分权下的偏向性投资》，载于《经济研究》

2017 年第 6 期。

[52] 谢世平：《试论普通中专招生并轨改革的必要性》，载于《中国职业技术教育》1998 年第 2 期。

[53] 谢童伟：《中国县级教育水平与县人口迁移相互影响分析——基于 2004 - 2008 年 31 省（市）县级面板数据的实证研究》，载于《清华大学教育研究》2011 年第 1 期。

[54] 邢翌宇、邢天添：《中等职业教育发展的路径优化及政策建议》，载于《天津职业技术师范大学学报》2012 年第 3 期。

[55] 颜敏：《技能高中还是普通高中？——中国农村学生的教育选择》，载于《中国农村经济》2012 年第 9 期。

[56] 晏成步：《二十年来高中阶段教育普及发展的政策文本分析》，载于《现代教育管理》2017 年第 6 期。

[57] 杨念鲁：《教育财务、审计与基本建设》，引自教育部：《中国教育年鉴 2001》，人民教育出版社 2001 年版。

[58] 杨士谋、彭干梓、王金昌：《中国农业教育发展史略》，北京农业大学出版社 1994 年版。

[59] 于立、姜春海：《中国乡镇企业吸纳劳动就业的实证分析》，载于《管理世界》2003 年第 3 期。

[60] 张杰仲：《普及初等教育的新进展》，引自教育部：《中国教育年鉴 1991》，人民教育出版社 1992 年版。

[61] 张井：《恢复供销合作社的农民群众集体所有的合作商业性质》，载于《商业时代》1984 年第 3 期。

[62] 张孝本：《集资办学，发展农村教育事业》，载于《老区建设》1988 年第 7 期。

[63] 张秀兰：《中国教育发展与政策 30 年：1978 - 2008》，社会科学文献出版社 2008 年版。

[64] 赵丹：《农村教学点问题研究》，中国社会科学出版社 2016 年版。

[65] 赵凌云：《1949—2008 年间中国传统计划经济体制产生、演变与转变的内生逻辑》，载于《中国经济史研究》2009 年第 3 期。

[66] 中国发展研究基金会：《中等职业教育国家资助政策落实效果评估报告》，中国发展研究基金会工作论文，2016 年。

[67] 《中国教育年鉴》编写组：《中国教育年鉴（1949 - 1981）》，中国大百科全书出版社 1984 年版。

[68] 中央教育科学研究所：《中华人民共和国教育大事记：1949 - 1982》，教育科学出版社 1983 年版。

[69] 周正：《中等职业学校教育对象的历史变迁》，载于《职业技术教育》2008 年第 13 期。

[70] 朱永新：《中国教育改革大系（中小学教育卷)》，湖北教育出版社 2015 年版。

[71] Acemoglu D. , Why Do New Technologies Complement Skills? Directed Technical Change and Wage Inequality. *Quarterly Journal of Economics*, Vol. 113 , No. 4 , 1998 , pp 1055 – 1089

[72] Acemoglu, D. , and J. Pischke, Certification of Training and Training Outcomes. Massachusetts Institute of Technology (MIT) of Department of Economics , 2000.

[73] Acemoglu, D. , and J. Pischke, the Structure of Wages and Investment in General Training. *Journal of Political Economy*, Vol. 107 , No. 3 , 1999 , pp. 539 – 572.

[74] Arriagada, A. M. and Ziderman, A. , Vocational Secondary Schooling, Occupational Choice, and Earnings in Brazil, World Bank Working Paper Serial No. 1037 , 1992.

[75] Atkin, D. , Endogenous Skill Acquisition and Export Manufacturing in Mexico. *American Economic Review*, Vol. 106 , No. 8 , 2016 , pp. 2046 – 2085.

[76] Ball, B. S. J., Class Strategies and the Education Market: the Middle Classes and Social Advantage. *British Educational Research Journal*, Vol. 52, No. 4, 2003, pp. 433 – 436.

[77] Becker, G. S., *Human Capital*, Chicago: University of Chicago Press, 1964.

[78] Bertola, G., and Rogerson, R. Institutions and labor reallocation. *Papers*, Vol. 41, No. 6, 2000, pp. 1147 – 1171.

[79] Blanchard, O., and J. Wolfers, The Role of Shocks and Institutions in the Rise of European Unemployment: the Aggregate Evidence. *Economic Journal*, Vol. 110, No. 462, 2010, pp. 1 – 33.

[80] Blundell, R., and M. Dias, Alternative Approaches to Evaluation in Empirical Microeconomics. *Journal of Human Resources*, Vol. 44, No. 3, 2009, pp. 565 – 640.

[81] Brown, P., and H. Lauder. The Great Transformation in the Global Labour Market: the Global Auction for Jobs Means that Many University Educated Workers are Finding Themselves in a Competition for Cut-priced Brainpower. *IEEE Transactions on Nuclear Science*, Vol. 52, No. 6, 2012, pp. 2683 – 2688.

[82] Cai F., and M. Wang, Accumulate Human Capital for China's Sustainable Growth. In F. Cai (ed.), *Chinese Research Perspectives on Population and Labor*, Vol. 1, Leiden: Brill, 2014.

[83] CCRE, *Swiss Education Report* 2014, Swiss Coordination Centre for Research in Education, Aarau, 2014.

[84] Chan, W. K., and Ngok, K. 2011. Accumulating Human Capital While Increasing Educational Inequality: A Study on Higher Education Policy in China. *Asia Pacific Journal of Education*, Vol. 31, No. 3, pp. 293 – 310.

[85] Chung, Y., Educated Misemployment: Earning Effects of Employ-

ment in Unmatched Fields of Work. *Economics of Education Review*, Vol. 9, No. 4, 1990, pp. 331 – 342.

[86] Chung, Y. , *the Economic Returns to Technical and Vocational Education in a Fast Growing Economy: a Case Study of Hong Kong*. Ph. D. thesis, Stanford University, 1987.

[87] Earle, J. S. , *Industrial Decline and Labor Reallocation in Romania*. William Davidson Institute Working Papers, 1997.

[88] Fersterer, J. , J. Pischke, and W. Rudolf, Returns to Apprenticeship Training in Austria: Evidence from Failed Firms, *Scandinavian Journal of Economics*, Vol. 110, No. 4, 2008, pp. 733 – 753.

[89] Fu, X. L. , Exports, Technical Progress and Productivity Growth in a Transition Economy: a Non – parametric Approach for China. *Applied Economics*, Vol. 37, No. 7, 2005, pp. 725 – 739.

[90] Fuller, W. P. , More Evidence Supporting the Demise of Pre – employment Vocational Trade Training: a Case Ftudy of a Factory in India. *Comparative Education Review*, Vol. 20, No. 4, 1976, pp. 30 – 41.

[91] Galor, O. , and D. Tsiddon, Technological Progress, Mobility, and Economic Growth. *The American Economic Review*, Vol. 87, No. 3, 1997, pp. 363 – 382.

[92] Garnaut, R. , Australian Opportunities through the Chinese Structural Transformation. *Australian Economic Review*, Vol. 44, No. 4, 2011, pp. 437 – 445.

[93] Gathmann, C. , and U. Schönberg, How General is Human Capital? A Task-based Approach. *Journal of Labor Economics*, Vol. 28, No. 1, 2010, pp. 1 – 49.

[94] Geetha, R. P. , Secondary Education in India: Determinants of Development and Performance. 43rd Annual Conference of the Indian Econo-

metric Society (TIES) Indian Institute of Technology, January 5 – 7, 2007.

[95] Guthrie, D., China's Emergent Political Economy: Capitalism in the Dragon's Lair. *Philippine Political Science Journal*, Vol. 35, No. 1, 2009, pp. 119 – 121.

[96] Hanushek, E. A., L. Woessmann, and L. Zhang, General Education, Vocational Education, and Labor – market Outcomes Over the Life – cycle. NBER working paper, No. 17504, 2011.

[97] Heckman, J. J., Is Job Training Oversold? *Public Interest*, Vol. 22, No. 115, 1994.

[98] Heckman, J., H. Ichimura, and P. Todd, Matching As an Econometric Evaluation Estimator. *The Review of Economic Studies*, Vol. 65, No. 2, 1998, pp. 261 – 294.

[99] Hessel, O., and D. Webbink, Wage Effects of an Extra Year of Basic Vocational Education. *Economics of Education Review*. Vol. 26, No. 4, 2007, pp. 408 – 419.

[100] Hung, H. F., China and the Transformation of Global Capitalism. *Proc Natl Acad Sci U S A*, Vol. 74, No. 5, 2009, pp. 2089 – 2093.

[101] IBRD. *Priorities and Strategies for Education: A World Bank Sector Review*. World Bank Education and Social Policy Department. Washington, D. C. 1995.

[102] Jovanovic, B., Firm-specific Capital and Turnover. *Journal of Political Economy*, Vol. 87, No. 6, 1979, pp. 1246 – 1260.

[103] Knight, D., and L. Song, Towards a Labour Market in China. *Economics of Transition*, Vol. 14, No. 1, 2006, pp. 201 – 205.

[104] Krueger, K., and B. Kumar. Skill-specific Rather than General Education: a Reason for US-Europe Growth Differences. *Journal of Economic Growth*, Vol. 9, No. 2, 2004, pp. 167 – 207.

[105] Kuhn, P., and M. Skuterud, Internet Job Search and Unemployment Durations. *American Economic Review*, Vol. 94, No. 1, 2004, pp. 218 – 232.

[106] Kwark, N. – S., and Shyn, Y. S. International R&D Spillovers Revisited: Human Capital as Absorptive Capacity for Foreign Technology. *International Economic Journal*, Vol. 20, No. 2, 2006, pp. 179 – 196.

[107] Lalé, E., Trends in Occupational Mobility in France: 1982 – 2009. *Labour Economics*, Vol. 19, No. 3, 2012, pp. 373 – 387.

[108] Lazear, E., Firm-Specific Human Capital: A Skill-Weights Approach. *Journal of Political Economy*, Vol. 117, No. 5, 2009, pp. 914 – 940.

[109] Lechner, M., an Evaluation of Public-Sector-Sponsored Continuous Vocational Training Programs in East Germany. *Journal of Human Resources*, Vol. 35, No. 2, 2000, pp. 347 – 375.

[110] Lee, J., Education for Technology Readiness: Prospects for Developing Countries. *Journal of Human Development & Capabilities*, Vol. 2, No. 1, 2001, pp. 115 – 151.

[111] Ljungqvist, L. and T. J. Sargent, the European Unemployment Dilemma. *Journal of Political Economy*, Vol. 106, 1998, pp. 514 – 550.

[112] Lynch, L., *Training and the Private Sector*. Chicago: University of Chicago Press, 1994.

[113] Malamud, O., and P. Cristian, General Education versus Vocational Training: Evidence from an Economy in Transition. *Review of Economics and Statistics*, Vol. 92, No. 1, 2010, pp. 43 – 60.

[114] Malcomson, J. M., J. W. Maw, and B. Mccormick, General Training by Firms, Apprentice Contracts, and Public Policy. *European Economic Review*, Vol. 47, No. 2, 2002, pp. 197 – 227.

[115] Middleton, J., A. Ziderman, and A. V. Adams, *Skills of Pro-

ductivity: *Vocational Education and Training in Developing Countries*, New York: Oxford University Press, 1993.

[116] Moock, P. and R. Bellow, Vocational and Technical Education in Peru, Population and Human Resources Department. World Bank Working Paper, No. 87, 1988.

[117] Morris, P., Asia's Four Little Tigers: a Comparison of the Role of Education in Their Development. *Comparative Education*. Vol. 32, No. 1, 1996, pp. 95 – 109.

[118] Mortensen, D. T., and C. A. Pissarides, Job Creation and Job Destruction in the Theory of Unemployment. *Review of Economic Studies*, Vol. 61, No. 3, 1994, pp. 397 – 415.

[119] Mueller, B., and J. Schweri, How Specific is Apprenticeship Training? Evidence from Inter-firm and Occupational Mobility after Graduation. *Oxford Economic Papers*, Vol. 67, No. 4, 2015.

[120] M. Chin-Aleong, Vocational Secondary Education in Trinidad and Tobago and Related Evaluation Results. In J. Lauglo and K. Lillis (eds.), *Vocationalising Education: An International Perspective*, Oxford: Pergamon Press, 1988.

[121] Neuman, S. and A. Ziderman, Vocational Schooling, Occupational Matching, and Labour Market Earnings in Israel. *Journal of Human Resources*. Vol. 26, No. 2, 1991, pp. 256 – 281.

[122] N. Hoffman, *Schooling in the Workplace: How Six of the World's Best Vocational Education Systems Prepare Young People for Jobs and Life*, Cambridge: Harvard Education Press, 2011.

[123] OECD. *Lifelong Learning for All*. Paris: OECD, 1996.

[124] Parrado, E., A. Caner, and E. N. Wolff, Occupational and Industrial Mobility in the United States. *Labour Economics*, Vol. 14, No. 3,

2005, pp. 435 − 455.

[125] Paul, R., the School-to-work Transition: A Cross-national Perspective. *Journal of Economic Literature*. Vol. 39, No. 1, 2001, pp. 34 − 92.

[126] Psacharopoulos, G. and W. Loxley, *Curriculum Diversification in Colombia and Tanzania: an Evaluation*. Baltimore: Johns Hopkins University Press, 1985.

[127] Qian X. L., and S. Russell, Growth Accounting for the Chinese Provinces 1990 − 2000: Incorporating Human Capital Accumulation. *Journal of Chinese Economic & Business Studies*, Vol. 4, No. 1, 2006, pp. 21 − 37.

[128] Schachimanyan, I. K., the Marketing of Educational Services and the Labour Market in Russia. *Vocational Aspects of Education*, Vol. 46, No. 2, 1994, pp. 186 − 190.

[129] Shi, Y. J., Zhang, L. X., Ma, Y, Yi, H. M., Liu, Ch. F., Johnson, N., Chu, J., Loyalka, P., and Rozelle S., Dropping Out of Rural China's Secondary Schools: A Mixed-methods Analysis. *The China Quarterly*, Vol. 224, 2015, pp. 1048 − 1069.

[130] Stenberg, A., and O. Westerlund, the Long-term Earnings Consequences of General vs. Specific Training of the Unemployed. *Iza Journal of European Labor Studies*, Vol. 4, No. 1, 2015, pp. 1 − 26.

[131] Sunde U., Human Capital Formation, Life Expectancy, and the Process of Development. *American Economic Review*, Vol. 95, No. 5, 2005, pp. 16 − 53.

[132] The Economist, 2015. Workers on Tap. *The economist*, January 3rd − 9th.

[133] Violante, G. L., Technological Acceleration, Skill Transferability, and the Rise in Residual Inequality, *Quarterly Journal of Economics*, Vol. 117, 2002, pp. 297 − 338.

[134] Wachter, T. V. and S. Bender, In the Right Place at the Wrong Time: the Role of Firms and Luck in Young Workers' Careers. *American Economic Review*, Vol. 96, No. 5, 2006, pp. 1679 – 1705.

[135] Wasmer, E. , General versus Specific Skills in Labor Markets with Search Frictions and Firing Costs. *American Economic Review*, Vol. 96, No. 3, 2006, pp. 811 – 831.

[136] Wedgwood, R. , Education and Poverty Reduction in Tanzania. *International Journal of Educational Development*, Vol. 27, No. 4, 2007, pp. 383 – 396.

[137] Woessmann, L. , Central Exit Exams and Student Achievement: International Evidence. In P. Peterson and M. West (eds.), *No Child Left Behind? The Politics and Practice of School Accountability*. Washington D. C. : Brooking Institute Press. 2003.

[138] Wolter, S. C. , and P. Ryan. , Apprenticeship. In E. A. Hanushek, M. Stephen and L. Woessmann. (eds.), *Handbook of the Economics of Education*, Amsterdam: North Holland, 2011, pp. 521 – 576.

[139] Yang, J. , General or vocational? The Tough Choice in the Chinese Education Policy. *International Journal of Educational Development*, Vol. 18, No. 4, 1998, pp. 289 – 304.

[140] Yang, J. , *The Interaction between the Socialist Market Economy and Technical and Vocational Education in the People's Republic of China*. Ph. D. thesis, University of Manchester, U. K. 1996.

[141] Ziderman, A. , *Israel's Vocational Training*, World Bank Working Paper, No. 25, 1988.

[142] Zwick T. , Continuing Vocational Training Forms and Establishment Productivity in Germany. *German Economic Review*, Vol. 6, No. 2, 2005, pp. 155 – 184.

图书在版编目（CIP）数据

产业转型与技能需求：基于普及高中阶段教育的视角／
侯海波著. —北京：经济科学出版社，2021.12
ISBN 978 - 7 - 5218 - 3313 - 3

Ⅰ.①产…　Ⅱ.①侯…　Ⅲ.①中等专业教育－发展－
研究－中国　Ⅳ.①G719.2

中国版本图书馆 CIP 数据核字（2021）第 261868 号

责任编辑：宋艳波
责任校对：易　超
责任印制：王世伟

产业转型与技能需求
——基于普及高中阶段教育的视角
侯海波　著
经济科学出版社出版、发行　新华书店经销
社址：北京市海淀区阜成路甲 28 号　邮编：100142
总编部电话：010 - 88191217　发行部电话：010 - 88191522
网址：www. esp. com. cn
电子邮箱：esp@ esp. com. cn
天猫网店：经济科学出版社旗舰店
网址：http：//jjkxcbs. tmall. com
北京季蜂印刷有限公司印装
710×1000　16 开　11.75 印张　200000 字
2022 年 3 月第 1 版　2022 年 3 月第 1 次印刷
ISBN 978 - 7 - 5218 - 3313 - 3　定价：66.00 元
（图书出现印装问题，本社负责调换。电话：010 - 88191510）
（版权所有　侵权必究　打击盗版　举报热线：010 - 88191661
QQ：2242791300　营销中心电话：010 - 88191537
电子邮箱：dbts@ esp. com. cn）